Walther Ziegler

Popper

in 60 Minuten

Dank an Rudolf Aichner für seine unermüdliche und kritische Redigierung,
Silke Ruthenberg für die feine Grafik, Angela Schumitz, Lydia Pointvogl, Eva Amberger,
Christiane Hüttner, Walburga Allgeier, Dr. Martin Engler für das Lektorat
und Dank an Prof. Guntram Knapp, der mich für die Philosophie begeistert hat.

[...] wenn wir Menschen bleiben wollen, dann gibt es nur einen Weg, den Weg in die offene Gesellschaft. [1]

Bibliografische Information der Deutschen Nationalbibliothek:
Die Deutsche Nationalbibliothek verzeichnet diese Publikation in der Deutschen
Nationalbibliografie; detaillierte bibliografische Daten sind im Internet über www.dnb.de
abrufbar.

© 2019 Dr. Walther Ziegler
Umschlaggestaltung und Grafik des gesamten Buches: Silke Ruthenberg
unter Verwendung von Illustrationen von:
Raphael Bräsecke, Creactive – Atelier für Werbung, Comic & Illustration (Zeichnungen)
© JackF - Fotolia.com (Bilderrahmen)
© Valerie Potapova - Fotolia.com (Bilderrahmen)
© Svetlana Gryankina - Fotolia.com (Sprechblasen)
Herstellung und Verlag:
BoD – Books on Demand, Norderstedt

ISBN 9783 750 412415

Inhalt

Poppers große Entdeckung

Karl Popper (1902-1994) ist unbestritten einer der ganz großen Denker der Moderne. Als Naturwissenschaftler und Sozialphilosoph hat er sowohl unsere Wissenschaftstheorie als auch unser politisch-gesellschaftliches Selbstverständnis entscheidend geprägt.

In Österreich geboren, arbeitet er die meiste Zeit seines Lebens als Philosophieprofessor in London, wo er 1949 die britische Staatsbürgerschaft annimmt. 1965 schlägt ihn die Queen zum Ritter. Nachdem Sir Karl Popper mit 92 Jahren stirbt, wird er als „Jahrhundertphilosoph" und als letzter großer Aufklärer gefeiert. Seinen Kerngedanken, der ihn später weltberühmt machen sollte, entwickelt er bereits mit 17 Jahren in seiner Geburtsstadt Wien. Popper gehört nämlich zusammen mit Rousseau und einigen anderen zu den wenigen Philosophen, die schon als Jugendliche ihren philosophischen Kerngedanken in einer Art „Epiphanie", einem Augenblick höchster Erkenntnis, völlig klar vor sich sahen. Pikanterweise ist dieser Moment der Offenbarung in Poppers Fall ausgerechnet eine Sonnenfinsternis:

Die Mitglieder des kleinen Kreises von Studenten, dem ich damals angehörte, waren fasziniert vom Resultat der Beobachtungen Eddingtons anläßlich der Sonnenfinsternis vom 29. Mai 1919,

die die erste gewichtige Bewährung der Einsteinschen Relativitätstheorie brachten. Es war ein großes Erlebnis, das auf meine geistige Entwicklung einen entscheidenden Einfluß hatte. [2]

Die Sonnenfinsternis von 1919 und die dabei entstehenden Fotografien des britischen Astronomen Eddington werden für Popper zu einem Wendepunkt in seinem Leben. Ist er bis zu diesem Zeitpunkt noch ein glühender Anhänger von Newton, dessen Gravitationstheorie er für unumstößlich hält, muss er nun komplett umdenken. Denn mit Hilfe von Eddingtons Fotos von der Position zweier Sterne konnte Einstein erstmals seine revolutionär neue Relativitätstheorie in der Wirklichkeit nachweisen.

In Newtons Himmelsmechanik bildet der „Raum" nur den Behälter, den die Himmelskörper im Laufe der Zeit in kerzengerader Bahn durchqueren. Dass sich ein Planet wie die Erde dennoch auf eine Kreisbahn um die Sonne begibt, ist laut Newton einzig und allein der anziehenden „Gravitationskraft" zwischen Sonne und Erde geschuldet. Für Einstein dagegen sind „Raum" und „Zeit" keine voneinander unabhängigen Größen. Sie sind in einem geometrischen, vierdimensionalen „Raum-Zeit- Gebilde" verschmolzen und als solches die eigentlichen Verursacher der krummen Bahnen aller Himmelskörper. Die Raum-Zeit-Krümmung verbiege sogar das Licht. Deshalb, so Einstein, können wir an bestimmten Tagen, wie zum Beispiel bei der Sonnenfinsternis am 29. Mai, am Abendhimmel sogar Sterne sehen, die sich in Wirklichkeit weit hinter der Sonne befinden und somit gar nicht sichtbar sein dürften. Während der Mond einige Minuten lang direkt vor der Sonne vorbeiwandert und ihr grelles Licht verdunkelt, könne man sogar Fotos von ihnen machen und damit, so Einstein, doch bitte seine Relativitätstheorie bestätigen oder widerlegen.

Obwohl gerade der Erste Weltkrieg beendet war, entsandte ausgerechnet Großbritannien zwei Expeditionen, um dem Wunsch des deutschen Physikers zu entsprechen. Eine der beiden Expeditionen leitete Eddington. Und siehe da: Die Fotos der Positionen

der Sterne bestätigten die von Einstein vorherge-
sagte Krümmung der „Raum-Zeit" und nicht die
nach Newtons Gravitationstheorie erwarteten Positionen. Nach Newtons Gravitationsberechnung wäre
das Licht der beiden Sterne zwar auch an der Sonne
vorbeigekommen, jedoch an anderen Stellen mit einer weitaus geringeren Abweichung sichtbar geworden.

Einstein hatte abweichend von der Newtonschen
Physik, aufgrund der Raum-Zeit-Krümmung seiner
Relativitätstheorie prognostiziert, dass die Licht-
strahlen der beiden Sterne um 0,83 Bogensekunden
abgelenkt werden. Und tatsächlich stimmten Einsteins Vorabberechnungen erstaunlich genau. Und
so wurde er über Nacht zum Superstar der Wissenschaft. Die Londoner Times schrieb: „Wissenschaftliche Revolution. Neue Theorie des Universums.
Newtons Vorstellung gestürzt." Die Schlagzeile war
nicht übertrieben, denn seit Isaac Newton im Jahre
1687 mit seinem bahnbrechenden Werk *Philosophiae
Naturalis Principia Mathematica* die klassische Mechanik und moderne Physik begründete, glaubte die
ganze Welt, dass die Bewegung von Körpern auf der
Erde und die Bahn der Planeten ein für alle Mal ent-
schlüsselt seien. Doch die Welt und Popper mussten
umdenken:

> Was sicher ist, ist, daß Einstein uns gezeigt hat, daß Newton [...] korrigiert werden mußte. Und die Newtonsche Theorie war in dieser Zeit die am besten geprüfte, am besten erprobte Theorie, die es je gegeben hat. [3]

Wenn dies so ist, wenn sich also ein Genie wie Newton geirrt hat und sein Wissen nach gut zweihundert Jahren durch ein noch besseres Wissen ersetzt werden musste, dann, so dachte Popper, gibt es vielleicht generell keine endgültigen Wahrheiten. Genau an diesem Punkt fasst er seinen brillanten Kerngedanken:

> Das wissenschaftliche „Wissen" ist kein Wissen: Es ist nur *Vermutungswissen*. [4]

Und er formuliert es noch radikaler:

[...] wir (haben) es [...] auch in der sichersten, besten Wissenschaft, durchwegs mit Vermutungswissen zu tun [...]. *Nicht mit Wissen, sondern mit Vermutungswissen.* [5]

Das liegt nicht daran, dass Newton und andere Wissenschaftler schlampig oder methodisch unpräzise arbeiten, sondern an der prinzipiellen Beschaffenheit der Wahrheitsfindung in der Naturwissenschaft. Wissenschaftliches Wissen besteht nämlich, so Poppers Entdeckung, prinzipiell nur aus immer neuen Hypothesen und Erklärungsmodellen, die nur so lange als wahr gelten, bis ein Gegenbeispiel oder ein noch besseres Erklärungsmodell gefunden wird. Damit stellt Popper die Auffassung seiner Zeitgenossen von der empirischen Beweisbarkeit wissenschaftlicher Theorien durch Versuchsreihen grundlegend in Frage. Denn, so Popper, selbst wenn ein Wissenschaftler für seine Theorie tausende Beispiele und Belege in der Wirklichkeit findet, kann irgendwann ein Gegenbeispiel auftauchen und alles in Frage stellen. In seinem wissenschaftstheoretischen Hauptwerk *Die Logik der Forschung* von 1932 zeigt er diesen Sachverhalt an seinem berühmt gewordenen Schwanen-Beispiel:

> Bekanntlich berechtigen uns noch so viele Beobachtungen von weißen Schwänen nicht zu dem Satz, daß *alle* Schwäne weiß sind. [6]

Popper spielt in diesem Beispiel auf ein Jahrhunderte altes Wissen an. Denn seit der Antike kennt man in Europa weiße Schwäne, und zwar ausschließlich weiße Schwäne. Jahrhundertelang gilt deshalb der Satz „Alle Schwäne sind weiß" als wahr. Doch bei der Entdeckung Australiens finden Forscher erstmals den sogenannten „Trauerschwan", der ein schwarzes Federkleid besitzt. Der Satz „Alle Schwäne sind weiß" wird mit einem Schlag als falsch erwiesen oder, wie Popper sagt, „falsifiziert".

„Falsifikation" ist überhaupt der Schlüsselbegriff zum Verständnis von Poppers Wissenschaftstheorie. Wissenschaftlicher Fortschritt, so seine provokative These, beruhe nämlich nicht, wie seine Zeitgenossen glauben, auf Induktion, also auf der logischen Ableitung von Gesetzmäßigkeiten aus Erfahrungswissen, sondern umgekehrt auf theoretischen Hypothesen und deren nachträglicher „Falsifikation". Sobald eine Hypothese durch ein Gegenbeispiel als falsch erwiesen wird, muss sie durch eine neue und bessere ersetzt werden, was langfristig zu einer Annäherung an die Wahrheit führt. Dieser Annäherungsprozess ist der Kern und das Wesen des wissenschaftlichen Fortschritts.

Auch Einsteins viel gefeierte Relativitätstheorie, so lässt sich mit Popper prognostizieren, gilt nur so lange als wahr, bis ein noch besseres Erklärungsmodell gefunden ist. Und das Ende? Gelangen wir vielleicht in zehn- oder hunderttausend Jahren doch noch zu einer letzten Gewissheit beziehungsweise absoluten Wahrheit? Poppers Antwort ist ernüchternd. Er zitiert den Vorsokratiker Xenophanes:

Sichere Wahrheit erkannte kein Mensch und wird keiner erkennen. [...] Es ist alles durchwebt von Vermutung. [7]

An anderer Stelle gesteht Popper:

> Die Wissenschaft ist etwas Wunderbares. Trotzdem wissen wir nichts. [...] Der wissenschaftliche Fortschritt besteht darin, [...] Irrtümer zu finden und durch etwas Besseres zu ersetzen: Durch eine bessere Hypothese. [8]

Es kann und wird also immer nur eine Annäherung an die Wahrheit geben. Da Raum und Zeit unendlich sind, können wir Menschen niemals die unendliche Dimension des Universums vollständig ermessen oder gar erklären. Allerdings nähern wir uns der Wahrheit an. Unsere Vermutungen werden also mit der Zeit besser:

> Wir wissen z.B., daß das Ptolemäische System, die Ptolemäische Interpretation des Sonnensystems mit der Erde als Zentrum, weniger gut, weniger nahe an der Wahrheit ist als die heliozentrische Theorie des Aristarchos, Kopernikus und Kepler. [9]

„Helios" ist das griechische Wort für Sonne. Im heliozentrischen Weltbild kreist die Erde um die Sonne, was der Wahrheit näher kommt, als die Ptolemäische Annahme der Erde als absolutem Mittelpunkt. Gerade, weil wir Menschen uns der Wahrheit immer weiter annähern können und annähern müssen, ist es von größter Wichtigkeit, dass die Gesellschaft offen für die Infragestellung des Wissens ist. An dieser Stelle vollendet Popper seinen Kerngedanken:

[...] wenn wir Menschen bleiben wollen, dann gibt es nur einen Weg, den Weg in die offene Gesellschaft. [10]

Mit „offener Gesellschaft" meint Popper eine Gesellschaft, die freie Meinungsäußerung, Kritik, Falsifikationen und neue wissenschaftliche Hypothesen jederzeit zulässt. Ein Gegenbeispiel, also ein Beispiel für eine „geschlossene Gesellschaft", wäre der Kirchenstaat unter Papst Urban VIII. Seinen religiösen Dogmen folgend, hat der Kirchenstaat Galileos neue Entdeckung der Planetenbewegung um die Sonne nicht zugelassen und sogar unterdrückt. Galileo wurde bekanntermaßen gezwungen, seine Theorie vor Gericht zu widerrufen, da letztlich nur Gott den Lauf der Planeten bestimme und dessen Pläne für den Menschen unvorhersehbar seien.

Popper lehnt einen solchen Dogmatismus ab. Die naturwissenschaftliche Forschung braucht die offene Gesellschaft zur Verbesserung des Wissens. Auch in der Politik, so Popper, gibt es keine endgültigen Wahrheiten. Es muss möglich sein, dass schlechte Hypothesen und Regierungsmaßnahmen falsifiziert und durch bessere ersetzt werden. Und es muss möglich sein, dass jeder Bürger die Regierungspolitik kritisieren und beeinflussen kann. Aber wie soll man Regierungen falsifizieren und kontrollieren? Popper stellt sich diese wichtige Frage selbst:

Wie kann man eine Regierung einigermaßen unter Druck halten, daß sie nicht allzu schlimme Dinge tut? Und die Antwort dazu ist: *Indem man sie absetzen kann.* [11]

Poppers Kerngedanke des „Vermutungswissens" mündet also in einem Plädoyer für die Demokratie.

Nur eine Demokratie mit freien Wahlen, freier Meinungsäußerung, Pressefreiheit und der Garantie weiterer Grundrechte kann die notwendige Erneuerung des naturwissenschaftlichen und des gesellschaftspolitischen Wissens sicherstellen. Die offene Gesellschaft ist jedoch ständig in Gefahr und wird von totalitären Systemen wie dem Nationalsozialismus, Kommunismus oder dem religiösen Fundamentalismus bedroht. Popper stammte aus einer jüdischen Familie und hat vierzehn seiner Verwandten durch den Holocaust verloren. Er selbst emigrierte mit seiner Familie rechtzeitig nach Neuseeland. Dort schrieb er sein sozialpolitisches Hauptwerk mit dem Titel *Die offene Gesellschaft und ihre Feinde*:

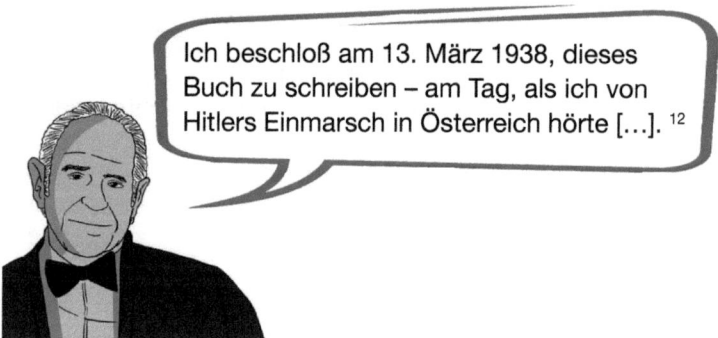

Ich beschloß am 13. März 1938, dieses Buch zu schreiben – am Tag, als ich von Hitlers Einmarsch in Österreich hörte […]. [12]

Der erste, fünfhundert Seiten umfassende Teilband trägt den Titel *Die offene Gesellschaft und ihre Feinde: Der Zauber Platons*. Der Titel ist etwas irreführend. Eigentlich müsste er heißen: Der falsche Zauber Platons, denn Popper kritisiert Platon heftig als Verführer und Wegbereiter der Diktatur:

> Er war ein Zauberer, nicht wie Hitler, aber wie halt doch einige begabte, für mich aber moralisch unakzeptable Menschen. [13]

Platon habe, so Popper, ganze Generationen von Lesern mit seiner Idee des Guten, Wahren und Schönen und der Unsterblichkeit der Seele verzaubert, in Wirklichkeit aber bereits Diktatur und Konzentrationslagern das Wort geredet. Platon sei ein Feind der offenen Gesellschaft:

> Er wollte eine Diktatur der Platonischen Philosophie einführen, und im zehnten Buch seines großen Alterswerkes „Die Gesetze"

> erklärt er, wie Andersdenkende in Einzelhaft gehalten werden sollen, und wenn sie nicht bereuen, mit dem Tod bestraft werden sollen. [14]

Anders als Platon, aber ebenfalls totalitär, hätten die „falschen Propheten Hegel und Marx" die modernen Diktaturen vorbereitet, indem sie den Menschen ein notwendig zu erreichendes Endziel der Geschichte vorgegeben hätten:

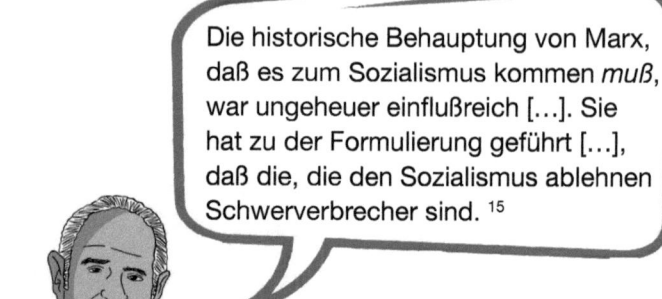

> Die historische Behauptung von Marx, daß es zum Sozialismus kommen *muß*, war ungeheuer einflußreich [...]. Sie hat zu der Formulierung geführt [...], daß die, die den Sozialismus ablehnen Schwerverbrecher sind. [15]

Wenn man, wie Hegel und Marx, ein Ziel der Geschichte prophezeit, dann bedeutet das automatisch das Ende der offenen Gesellschaft. Denn, so Popper, angesichts einer solchen Prophezeiung kann die weitere Entwicklung nicht mehr kritisiert oder verändert werden. Jeder Vorschlag, jede Idee und jede Handlung, wird nur noch daran gemessen, ob sie dem Endziel, etwa der klassenlosen Gesellschaft, dient oder nicht. Dem zweiten Band seines sozialphilosophischen Hauptwerkes *Die offene Gesellschaft und ihre Feinde* gibt Popper deshalb den provokativen Titel: *Falsche Propheten: Hegel, Marx und die Folgen.*

Und wie schon bei Platon formuliert er einen ungeheuren Vorwurf:

Die Ideologie des Nazismus wäre unmöglich gewesen, wenn die deutschen Philosophen intellektuelle Verantwortlichkeit gekannt hätten. [16]

Statt hochtrabende geschichtsphilosophische Ziele zu verwirklichen, fordert Popper eine Politik der kleinen Schritte, eine „soziale Stückwerktechnologie". Die naturwissenschaftliche Methode von Versuch und Irrtum, von Hypothese und Falsifizierung müsse endlich auch auf die Politik übertragen werden.

Hat Popper recht? Ist all unser Wissen nur Vermutungswissen, beruhend auf Versuch und Irrtum? Haben Platon, Hegel und Marx tatsächlich den Totalitarismus vorbereitet? Muss für die Verbesserung der Gesellschaft anstelle von Visionen künftig die naturwissenschaftliche Methode von Versuch und Irrtum maßgeblich sein? Und: Können wir mit Hilfe der „sozialen Stückwerktechnologie" unsere Probleme lösen? Popper gibt klare und unmissverständliche Antworten.

Poppers Kerngedanke

Poppers revolutionäre Erkenntnistheorie: Wissenschaft als vorläufige Wahrheit

Poppers Kerngedanke, wonach unser ganzes Wissen nur provisorisch ist, also ein „Vermutungswissen", das sich jederzeit ändern kann, war zu seiner Zeit eine ungeheure Provokation. Vor Popper glaubten die Forscher und Wissenschaftler, dass es „Naturgesetze" wirklich gibt, also letzte Gesetzmäßigkeiten des Kosmos, die den ganzen Ablauf des Geschehens bestimmen. Auch unsere Großväter lernten noch vom Physiklehrer, dass Naturgesetze, im Unterschied zu Religion und Glauben, echtes Wissen sind. Mit ihrer Entschlüsselung durch die Wissenschaft, insbesondere durch Newtons Mechanik und Gravitationstheorie, so wurde suggeriert, könne man die Welt abschließend verstehen und alle Probleme lösen. Newtons Theorie schien die Vollendung der Wissenschaft zu sein:

Das war wirkliches Wissen; Wissen, das selbst die wildesten Träume der kühnsten Geister noch übertraf. Hier war eine Theorie, die nicht nur die

Bewegungen *aller* Sterne [...] erklärte, sondern ebenso genau auch die Bewegung von Körpern auf der Erde wie fallenden Äpfeln, Geschossen oder Pendeluhren. Und sie erklärte sogar die Gezeiten. [17]

Tatsächlich gab es im Zeitalter der industriellen Revolution, etwa hundert Jahre nach Newtons Welterklärung, eine ungeheure Aufbruchsstimmung. Der Fortschrittsglaube war ungebrochen. Immer neue Entdeckungen, technische Erfindungen und Maschinen revolutionierten den Alltag. Liebigs Düngemittel vervielfachten die Ernte, Arkwrights mechanische Spinnmaschinen und Cartwrights Webstühle versorgten erstmals die gesamte Bevölkerung mit ordentlicher Kleidung. Es gelang, im großen Stil Eisen aus dem Erz herauszuschmelzen und schon bald verbanden stampfende Eisenbahnen und Dampfschiffe, für alle sichtbar, die entlegensten Orte.

Newtons Mechanik und Gravitationstheorie, sowie ihre Umsetzung in technische Revolutionen, schien die Natur endgültig erklärt und unterworfen zu haben. Der Fortschrittsglaube und die technische Euphorie waren so groß, dass sich der englische Stahlwarenproduzent Wilkinson in einem stählernen Sarg unter einem meterhohen Stahl-Obelisken beerdigen ließ. Alles schien möglich, da man die Naturgesetze endlich durchschaut hatte. Bis zu jener Sonnenfinsternis von 1919 meinte man mit Newtons Physik den Gipfel und Endpunkt des möglichen Wissens erklommen zu haben.

Dieser Euphorie und Illusion bereiteten Einstein und Popper nun ein jähes Ende. Die Natur selbst, so gab Popper der Welt zu verstehen, kenne überhaupt keine Gesetze, es seien immer nur die Menschen, die der Natur Gesetzmäßigkeiten unterstellen. Deshalb sei es eine Hybris, überhaupt von „Naturgesetzen" zu sprechen. In Wirklichkeit, so Popper, sind es nur geistige Produkte der Wissenschaftler, die auf die Natur angewandt werden, mal mit mehr, mal mit weniger Erfolg. Wir sind es, die die Gesetze machen, nicht die Natur. Und wir sind es, die dabei Fehler machen und diese immer wieder korrigieren müssen:

Meine Wissenschaftstheorie ist also ungeheuer einfach. Es sind *wir*, die die wissenschaftlichen Theorien schaffen, es sind *wir*, die die wissenschaftlichen Theorien kritisieren. [...] *Wir* erfinden die Theorien, und *wir* bringen unsere Theorien um. [18]

Man müsse deshalb sauber trennen zwischen dem Erfinden von Theorien und der wirklichen physischen Welt. Die physische Welt der Natur existiert nämlich, so Popper, völlig unabhängig vom menschlichen Geist und ist von radikal anderer Art als die menschliche Erfahrung. Und weil dies so ist, müssen wir unsere Theorien, die wir über die Natur stülpen, kritisch sehen und stets misstrauisch bleiben. Natur und Geist können niemals ganz in Einklang kommen. Daher muss der Wissenschaftler sich bei jeder neuen Erkenntnis darüber im Klaren sein, dass sie nur so lange gilt, bis sie widerlegt werden kann. Seriöser Weise sollte jeder Forscher, noch vor der Veröffentlichung seiner Theorie, selbst versuchen, diese zu falsifizieren und gegebenenfalls wieder fallen zu lassen. Popper sieht diesbezüglich Einstein als großes Vorbild:

> Einstein zum Beispiel schreibt [...], daß in den zehn, fünfzehn Jahren, die er an der allgemeinen Relativitätstheorie gearbeitet hat, er ungefähr alle drei Minuten eine neue Theorie selbst verworfen hat. [19]

Auch hat Einstein vor der großen Sonnenfinsternis von 1919 persönlich vorgeschlagen, seine Prognosen aus der Relativitätstheorie doch bitte zu überprüfen und wenn es möglich ist, als falsch zu verwerfen:

> Was mich [...] am meisten beeindruckte, war Einsteins klare Feststellung, daß er seine Theorie als unhaltbar aufgeben würde, falls sie gewissen Überprüfungen nicht standhielte. [20]

Einstein ging mit dem Vorschlag, seine Theorie zu falsifizieren das größtmögliche Risiko ein und blieb dabei dennoch bescheiden:

Einstein schlug Experimente vor [...], deren Übereinstimmung mit seinen Voraussagen die Theorie keineswegs als wahr bestätigen

würde, während eine Nichtübereinstimmung, wie er betonte, die Theorie als unhaltbar erweisen würde. [21]

Das brachte Popper auf die entscheidende Idee seiner Wissenschaftstheorie. Wenn nämlich durch die Fotografien während der Sonnenfinsternis Einsteins Theorie im Bestfall nicht widerlegt wird, diese damit aber auch noch keinesfalls für alle Zeiten bewiesen ist, dann ist das entscheidende Wahrheitskriterium der Wissenschaft nicht, wie alle glauben, die erfolgreiche Durchführung von tausenden Experimenten, welche die Theorie bestätigen, sondern die Widerlegung durch einen einzigen Fall. Das bedeutet, um es mit dem Schwanenbeispiel zu sagen: auch tausend

Fotos von weißen Schwänen können nicht final bestätigen, dass alle Schwäne weiß sind, aber das tau-
sendundeinste Foto, das einen schwarzen Schwan
zeigt, kann die Theorie ein für alle Mal außer Kraft
setzen oder wie Popper sagt, falsifizieren:

> So kam ich gegen Ende des Jahres 1919,
> zu dem Schluß, daß die wissenschaftliche
> Haltung die *kritische* war; eine Haltung,
> die nicht auf „Verifikationen" ausging,
> sondern kritische Überprüfungen
> suchte: Überprüfungen, die die
> Theorie *widerlegen* konnten; die
> sie *falsifizieren* konnten, aber nicht
> *verifizieren*. [22]

Damit war Poppers neue Wissenschaftstheorie geboren. Popper setzte die Falsifikation an die Stelle
der Verifikation. Doch dabei blieb es nicht. Er stellte
auch die Frage, wie die Wissenschaftler überhaupt zu
ihren Theorien gelangen.

Deduktion statt Induktion:
„Der Mensch ist kein Kübel":

Wie kommen wissenschaftliche Theorien zustande?
Zur Zeit Poppers war die induktive Methode die all-
gemein gängige und anerkannte Praxis. Popper ver-
trat dagegen leidenschaftlich die deduktive Methode. Sie sei erkenntnistheoretisch gesehen ehrlicher
und gewinnbringender.

Induktion kommt vom lateinischen Wort „inducere"
und heißt übersetzt „hineinführen" oder „hineinnehmen". Die induktive Methode besagt, dass man
zuerst sehr viele Sinneseindrücke und Erfahrungen
in sich „hineinnehmen" und einsammeln muss, um
dann in einem zweiten Schritt aus dem „Hineinge-
nommenen" eine Theorie zu bilden. Popper kritisiert
dies als „die Kübeltheorie des menschlichen Geistes".
Er vergleicht die induktive Methode spöttisch mit
einem Eimer:

> Unser Kopf ist ein Kübel. Er hat Löcher,
> und bei den Löchern fließt die Information
> von der Welt hinein. [23]

Im Kübel-Gleichnis sind also etwa unsere Augenhöh-
len, Ohr- und Nasenöffnungen die Löcher, durch die
Bilder, Geräusche, Gerüche und andere empirische
Eindrücke in uns hineingelangen. Die Wissenschaftler suchen dann gemäß der induktiven Methode nach
einem gemeinsamen Nenner beziehungsweise nach
theoretischen Sätzen, die all diesen eingesickerten
empirischen Erfahrungen gemeinsam sind:

Denn diese Sätze sollen ja „auf
Grund von Erfahrung gelten". [24]

Mit der Auswertung möglichst vieler gesammelter
Daten kommt man nach der Kübel-Theorie am Ende
zu gesicherter Erkenntnis. Popper stellt aber genau
dieses Verfahren in Frage:

Läßt sich die Behauptung, eine
[...] allgemeine Theorie sei wahr,
mit „empirischen Gründen"
rechtfertigen? [...]

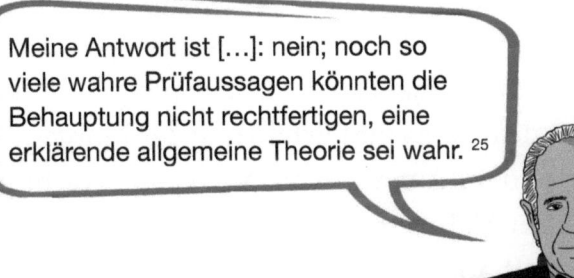

Meine Antwort ist [...]: nein; noch so viele wahre Prüfaussagen könnten die Behauptung nicht rechtfertigen, eine erklärende allgemeine Theorie sei wahr. [25]

Hier kommen wieder die Schwäne ins Spiel. Noch so viele Prüfaussagen über Schwäne können niemals die Wahrheit der „alle Schwäne sind weiß-Theorie" bestätigen. Wollte man, so Popper, einen Satz wie „alle Schwäne sind weiß" wirklich mit der induktiven Methode beweisen, müsste man alle lebenden, alle verstorbenen und alle künftig existierenden Schwäne in den Kübel tun können. Dies ist aber prinzipiell unmöglich:

Die Theorie der Induktion ist grundfalsch; sie war ein Versuch, nahe an Sicherheit heran zu kommen. Meiner Meinung nach ist die ganze Suche nach Sicherheit jedoch ein Fehler. [26]

Gegen die Kübel-Theorie und das Ansammeln von Erfahrungen spricht auch, dass die gewonnenen Gewissheiten subjektiv sind. Beispielsweise kann unsere täglich gemachte Erfahrung der Morgendämmerung zu dem Satz führen: „Nach jeder Nacht geht die Sonne auf". Das mag im Alltag durchaus nützlich sein und mit anderen Erfahrungen zusammen sogar die Aufstellung eines Kalenders erlauben. Doch aus kosmologischer Sicht ist dieser Satz falsch. Denn für andere Planeten stimmen der Tag-Nacht-Rhythmus und der Kalender schon nicht mehr. Gemäß Popper ist die induktive Methode generell ein Irrweg. Das menschliche Gehirn und die Wissenschaft seien letztlich alles andere als ein Eimer:

Die Wissenschaft ist nicht die Verdauung der Sinnesdaten, die in uns durch unsere Augen und Ohren [...] einfließen und die

wir irgendwie zusammenbrauen [...] und dann zu Theorien machen. [27]

Es ist genau umgekehrt. Wissenschaft ist im Kern aktiv und wagemutig:

[...] wir gehen mit den Theorien in die Welt. [...] Wir *fragen* die Welt, ob diese oder jene Theorie richtig oder falsch ist. [28]

Und das bedeutet:

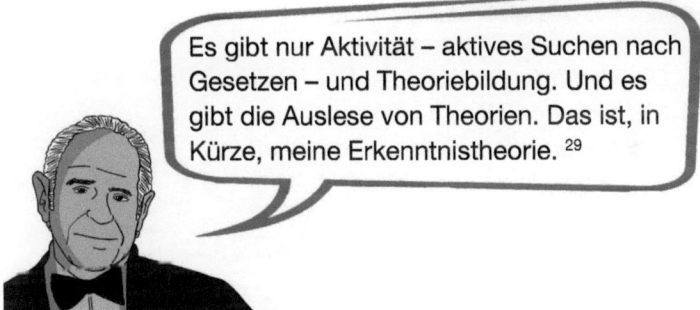

Es gibt nur Aktivität – aktives Suchen nach Gesetzen – und Theoriebildung. Und es gibt die Auslese von Theorien. Das ist, in Kürze, meine Erkenntnistheorie. [29]

Wissenschaft ist also primär phantasievoll und er-finderisch. Erst im zweiten Schritt werden die Er-findungen auf ihre Tauglichkeit überprüft. Wissen-schaft gründet sich somit auf das Verfahren von „trial and error", von Versuch und Irrtum. Das ist Poppers großes Plädoyer für die deduktive Metho-de. Deduktion kommt vom lateinischen Wortstamm

„deducere" und heißt „herabführen", „herableiten" oder „ableiten". Und das bedeutet, wir bilden zuerst die Theorie, leiten daraus in einem zweiten Schritt die zu erwartenden Ergebnisse ab. Am Ende schauen wir in der Wirklichkeit der physischen Welt, ob wir richtig liegen oder uns geirrt haben:

> Induktion gibt es nicht; es gibt nur *Versuch und Irrtum*. [30]

> *Die Methode der Wissenschaft ist die Methode der kühnen Vermutungen und der erfinderischen und ernsthaften Versuche, sie zu widerlegen.* [31]

Popper verweist darauf, dass auch Einstein die deduktive Methode praktiziert hat. Tatsächlich sagte Einstein: „Nur kühne Spekulation kann uns weiterbringen, nicht die Ansammlung von Tatsachen." Interessanterweise hat Popper die Deduktion auch für die Pädagogik und den Schulunterricht gefordert.

Die Kinder würden an den Schulen immer noch mit der induktiven Kübeltheorie unterrichtet:

Der Kübel bekommt noch extra einen Trichter aufgesetzt, und dort gießt man dann das Wissen hinein. [...] man überhäuft die Kinder mit Antworten, ohne daß sie Fragen gestellt haben [...]. [32]

Es wäre aber wichtig, dass wir auch unsere Kinder gemäß der deduktiven Methode dazu motivieren, kühne Fragen zu stellen, selbst Theorien aufzustellen und mit dem Verfahren von Versuch und Irrtum nach Antworten zu suchen. Dabei würden die Kinder zwar auch viele Misserfolge verzeichnen, aber sie würden lernen, selbst zu denken.

Fazit: Die freie Entfaltung der Kinder und die Weiterentwicklung der Wissenschaft benötigen das Aufstellen ständig neuer Hypothesen und ihre Widerlegung. Aus diesem Kerngedanken zieht Popper nun seine gesellschaftspolitische Konsequenz. Um neuen Hypothesen eine Chance zu geben, bedarf es der „offenen Gesellschaft".

Offene und geschlossene Gesellschaften

Dreh- und Angelpunkt von Poppers politischer Philosophie ist die „offene Gesellschaft". Sie ist gleichzeitig Ideal und historisches Phänomen. Einerseits wird
sie bereits bei den alten Griechen verwirklicht und
existiert heutzutage in vielen modernen Staaten,
andererseits ist sie ein theoretisches Ideal. Popper
selbst definiert seinen Schlüsselbegriff folgendermaßen:

Mit dem Ausdruck „offene Gesellschaft" bezeichne ich
nicht sosehr eine Staatsform oder Regierungsform,
sondern eher eine Art des menschlichen

Zusammenlebens, in dem Freiheit der
Individuen, Gewaltlosigkeit, Schutz der
Minderheiten, Schutz der Schwachen
wichtige Werte sind. In unseren
westlichen Demokratien sind diese
Werte […] Selbstverständlichkeiten. [33]

Wenn man jedoch die geschichtliche Entwicklung betrachtet, ist die offene Gesellschaft eine sehr späte Erscheinung. Ursprünglich, so Popper, gab es nämlich auf der ganzen Welt nur geschlossene Gesellschaften. Die Menschen lebten eng eingebunden in ihren Familienclans, in nomadisierenden Sippen oder anderen Stammesgesellschaften:

Ein charakteristischer Zug der [...] „geschlossenen" oder Stammesgesellschaft ist dieser: Sie lebt in einem Zauberkreis unveränderlicher Tabus, Gesetzen und Sitten [...]. [34]

Jeder muss tun, was der Häuptling befiehlt oder was die Bräuche, Sitten und Rituale vorschreiben. Und jeder wird in die geschlossene Hierarchie des Stammes hineingeboren, als Häuptling, Schamane, Krieger, Jäger, Bauer, Knecht oder Sklave. Anstelle rationaler Begründungen für Herrschafts- und Machtausübung treten Abstammungsmythen, etwa die Erzählung, der Herrscher sei ein Nachfahre des Sonnengottes und somit selbst ein Gott. Daher müssten ihn alle verehren. Der Einzelne spielt dabei keine Rolle:

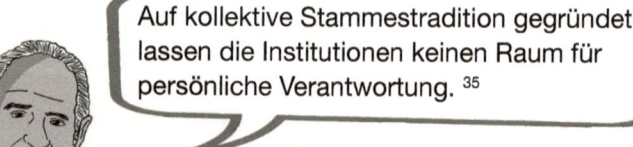

Auf kollektive Stammestradition gegründet, lassen die Institutionen keinen Raum für persönliche Verantwortung. [35]

Als Beispiel für eine kollektiv organisierte Stammesgesellschaft nennt Popper den griechischen Soldatenstaat Sparta, der im Vergleich zur Athener Demokratie unter Perikles sehr autoritär und kollektivistisch geführt wurde:

Eine geschlossene Gesellschaftsordnung [...] ist eine halborganische Einheit, deren Mitglieder durch [...] Verwandtschaft, Zusammenleben, durch Teilnahme an gemeinsamen Anstrengungen, gemeinsamen Gefahren, [...] Freuden und [...] Unglück zusammengehalten werden. [36]

So fühlen sich beispielsweise die Spartaner unter ihrem berühmten König Leonidas als stolze Blutsgemeinschaft und verschworenes Kollektiv, das sich gegen andere griechische Stadtstaaten und die Perser opferbereit behaupten muss. Aber auch im Mittelalter gibt es nach Poppers Definition fast ausschließlich geschlossene Gesellschaften, die von Adeligen und vom Klerus nach religiösen und mythischen Regeln regiert werden. Die Kardinäle, Bischöfe und Priester sprechen als einzige die lateinische Sprache und verfügen über das Herrschaftswissen, dem Volk die Bibel zu erklären und das religiöse Leben zu diktieren. Die Adeligen wiederum haben blaues Blut und werden als Herrscher geboren.

Persönliche Verantwortung des Bürgers für sein eigenes Leben, individuelle Aufstiegsmöglichkeiten und die Mitverantwortung für das Gemeinwesen entstehen erst wieder mit den offenen Gesellschaften der Neuzeit, den Demokratien:

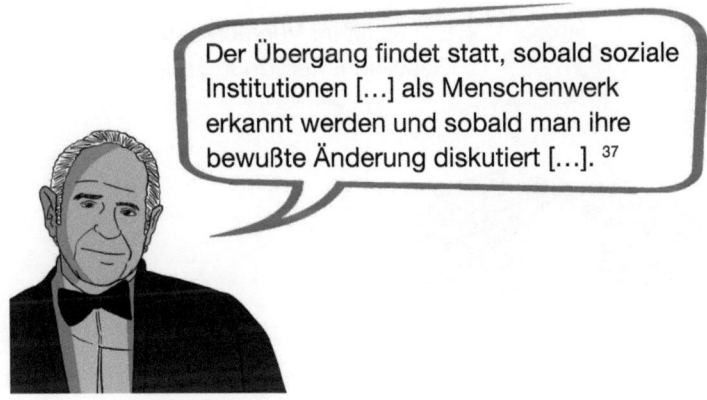

Der Übergang findet statt, sobald soziale Institutionen [...] als Menschenwerk erkannt werden und sobald man ihre bewußte Änderung diskutiert [...]. [37]

In der offenen Gesellschaft sind Regierungen und Parlamente kritisierbare Institutionen, die von den Menschen selbst erzeugt und wieder abgewählt werden können. Popper feiert den Übergang von der geschlossenen zur offenen Gesellschaft als „Geburt der Zivilisation" und „größte Revolution der Geschichte":

[...] die größte aller moralischen und geistigen Revolutionen unserer Geschichte [...] ist das Bestreben ungezählter unbekannter Menschen, sich [...] von der Herrschaft der Autorität und des Vorurteils zu befreien; [38]

[...] es ist ihr Versuch eine offene Gesellschaftsordnung aufzubauen. [39]

Heutzutage genießen wir in vielen modernen Staaten die Früchte dieses jahrhundertelangen Kampfes um

Selbstbestimmung. Wir haben freie Wahlen, freie Berufswahl, freie Meinungsäußerung und können unser Leben individuell gestalten. Doch das ungebundene Leben in der offenen Gesellschaft hat auch seinen Preis. Wenn wir beispielsweise in einer anonymen Millionenstadt wohnen, in Heimarbeit einer hochentfremdeten Tätigkeit am Computer nachgehen, kann es schnell zu Gefühlen der Isolation und Einsamkeit kommen. Die Großfamilie hat sich aufgelöst und auch die geografisch religiöse Geborgenheit ist für die meisten Menschen verloren gegangen. Es besteht nun, so Popper, die große Gefahr, dass sich die Menschen nach der früheren Geborgenheit in der Stammesgesellschaft zurücksehnen. Doch eine Rückkehr ist unmöglich oder würde uns zu „Bestien" machen:

Wir können niemals zur angeblichen Unschuld und Schönheit der geschlossenen Gesellschaft zurückkehren. [...] *Es gibt keine Rückkehr in einen harmonischen Naturzustand. Wenn wir uns zurückwenden, dann müssen wir den ganzen Weg gehen – wir müssen wieder zu Raubtieren werden.* [40]

So sieht Popper den Nationalsozialismus als einen gefährlichen Rückfall in die Bestialität der Stammesgesellschaft. Der Nationalsozialismus sei ein Beispiel für den Versuch, eine geschlossene Gesellschaft zu errichten, die sich auf Blutsverwandtschaft, Volksgemeinschaft und den kollektiven Kampf gegen andere Stämme und Rassen beruft. Es gilt daher, wachsam zu bleiben und die Ideale der offenen Gesellschaft hochzuhalten:

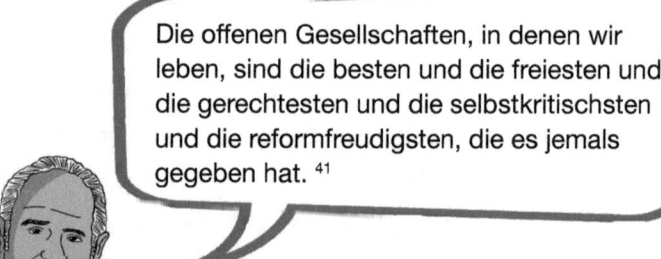

Die offenen Gesellschaften, in denen wir leben, sind die besten und die freiesten und die gerechtesten und die selbstkritischsten und die reformfreudigsten, die es jemals gegeben hat. [41]

Die „offene Gesellschaft" anstelle Platons Herrschaft der Besten

Poppers Engagement ergibt sich zum einen daraus, dass die Gesellschaft prinzipiell offen sein muss für neue Hypothesen und Falsifikationen, um Wissenschaft und Technik immer weiter verbessern zu können, zum anderen aber auch daraus, dass Popper die leidvolle Erfahrung gemacht hat, dass geschlossene Gesellschaften wie der Nationalsozialismus oder der Kommunismus für die Menschen inhumane Konsequenzen haben. Popper selbst erlebte den Zweiten Weltkrieg im Exil in Neuseeland. Dennoch war er als gebürtiger Österreicher entsetzt über das, was in seiner Heimat vor sich ging. Aufgewachsen in der liberalen Großstadt Wien, in regem Austausch mit Carnap und dem Wiener Kreis sowie dem Psychoanalytiker Adler und anderen Intellektuellen, war es ihm unbegreiflich, wie Österreich und Deutschland in die Barbarei des Nationalsozialismus zurückfallen konnten. Die Werte der Aufklärung, so stellte er fest, gingen sowohl bei der breiten Bevölkerung als auch bei den geistigen Eliten in kurzer Zeit verloren. Deshalb stellte er sich eine folgenreiche Frage: Welche überkommene, aber vielleicht tief verwurzelte Geisteshaltung konnte so einen Rückfall ermöglichen?

So ging ich auf Spurensuche in der Geschichte; von Hitler zurück zu Platon: dem ersten großen politischen Ideologen, der in Klassen und Rassen dachte und Konzentrationslager vorschlug. [42]

Auch der vielgerühmte antike Philosoph Platon sei, so Popper, wenn man genau genug hinsehe, bereits ein Propagandist der Diktatur gewesen, ebenso wie Hegel und Marx. Es sei notwendig, diese Geistesgrößen endlich kritisch zu analysieren und zu entzaubern. Dies machte Popper in seinem Werk *Die offene Gesellschaft und ihre Feinde*. Im ersten Band kritisierte er Platon, im zweiten Hegel und Marx als Vorbereiter des Totalitarismus. Popper selbst sagt zu seinem Hauptwerk:

Es erschien 1945, als der Krieg in Europa zu Ende ging, aber ich hatte es geschrieben als meinen Beitrag zu den Kriegsanstrengungen. [43]

An Platon kritisiert Popper insbesondere dessen Entwurf eines idealen Staates als verkappte Diktatur. Platons Idealstaat sei keine Demokratie, sondern eine Aristokratie, eine Herrschaft der Besten im Sinne der griechischen Wörter „Aristos, der Beste" und „Kratos, der Herrscher".

Tatsächlich erschien Platon die Demokratie als gefährliche Staatsform, da das Volk nicht unbedingt den Besten an die Spitze wählen würde, sondern denjenigen, der die „lautesten Töne" und größten Versprechungen macht. Da es in Platons Ideenlehre darum geht, die Seele höher zu entwickeln und die Idee des Guten zu erkennen, darf auch der Staat nur von Menschen geführt werden, die dazu in der Lage sind. Und das sind bei Platon nur die Philosophen, weshalb er „Philosophenkönige" als Herrscher vorschlägt. Diese sollen in einem sehr aufwendigen Verfahren nach langer Erziehung und einer ganzen Reihe von Prüfungen ermittelt werden. Obgleich an den Prüfungen alle jungen Menschen teilnehmen dürfen, ergeben sich am Ende drei Klassen: erstens die Bauern und Händler, zweitens die sogenannten Wächter, die als Polizei und Krieger für den Frieden sorgen, und drittens die Philosophenkönige. Da aber am Ende die Philosophenkönige allein die Politik bestimmen, handelt es sich, so Popper, letztlich um eine Diktatur, um eine rigide Klassengesellschaft.

Platon, so Popper, schreibe vor, dass die hochgebildeten Wärter und Philosophenkönige eigentumslos in Kommunen, abgeschieden vom Volk, leben sollen. Die sogenannten „Wächter" bewachen das Volk vor äußeren und inneren Bedrohungen, die Philosophenkönige treffen die Entscheidungen. Damit seien bei Platon die Philosophenkönige die Hirten, die Wächter die Wachhunde und das einfache Volk die folgsame Schafherde:

[…] das heißt die herrschende Klasse, bestehend aus Hirten und Wachhunden, muss streng vom menschlichen Herdenvieh geschieden werden. [44]

Das Volk, so Popper, könne die Politik in Platons Idealstaat weder mitbestimmen, noch habe es irgendeine Chance, die Philosophenkönige zu kritisieren. Es sei ohnmächtig und ohne Bildungschancen:

Die herrschende Klasse [...] allein darf Waffen tragen und sie allein hat Anspruch auf Erziehung jeglicher Art. [45]

Poppers Fazit: Platons Idealstaat sei eine geschlossene Gesellschaft, da der Einzelne keine Chance habe, sich als Individuum einzubringen oder zu verwirklichen. Alle müssten sich der intuitiven Ideenschau und den Gesetzen der Philosophenkönige unterwerfen. Auch ein Philosophenkönig, so kritisiert Popper, könnte aber eventuell psychisch labil werden oder einer Geisteskrankheit verfallen. Und selbst wenn im Bestfall ein Philosophenkönig lebenslang gemäß der „Idee des Guten" optimal regieren würde, gäbe es das „Problem des Nachfolgers":

Die Schwierigkeit [...] läßt sich mit den Problemen eines wohlwollenden Tyrannen vergleichen, der einen gleich wohlwollenden Nachfolger zu finden trachtet. [46]

Zudem würde Platon drakonische Strafen, Isolationshaft, Konzentrations- und Umerziehungslager für Gesetzesübertretungen fordern:

> Er wollte eine Diktatur [...] und im zehnten Buch seines großen Alterswerkes „Die Gesetze" erklärt er, wie Andersdenkende in Einzelhaft gehalten werden sollen, und wenn sie nicht bereuen, mit dem Tode bestraft werden sollen. [47]

Popper bezieht sich auf folgende Passage aus Platons Schrift *Gesetze*: „Wird aber einer für schuldig erkannt, dann erkenne der Gerichtshof jedem besonderen Vergehen der Gottlosen eine besondere Strafe zu. [...] es (gibt) aber drei Gefängnisse, das eine am Markte, den meisten Gefangenen gemeinsam [...], das andere [...] welches den Namen des Besserungshauses führt, und eines in der Mitte des Landes, an einer einsamen, möglichst unwirtlichen

Stelle, welches [...] Zuchthaus heißt [...]. [...] so sende der Richter diejenigen (Gesetzesübertreter mit übler Gesinnung) [...] wenigstens auf 5 Jahre in das Besserungshaus und in der Zeit komme kein anderer Bürger zu ihnen mit Ausnahme [...] zu ihrer Zurechtweisung [...]. Ist [...] mancher von ihnen zur Besonnenheit gekommen, dann kehre er [...] zurück. Doch ist dies nicht der Fall [...], dann werde er mit dem Tode bestraft." [48]

Neben Platons Besserungsanstalt gibt es somit auch noch die abgelegenen Zuchthäuser in unwirtlichen Gegenden, die Popper „Konzentrationslager" nennt, in denen die Häftlinge in Isolationshaft gehalten werden. Popper bezieht sich auf folgende Passage von Platon: „Wer [...] schuldig zu sein scheint, den verurteile [...] der Gerichtshof zur Haft in dem Gefängnis in des Landes Mitte sowie dazu, daß nie ein Freier zu ihm komme und daß er aus Händen von Sklaven eine [...] ihm vorgeschriebene Kost empfange. Nach seinem Tode werde er unbestattet über des Landes Grenzen geworfen;" [49]

Gemäß Popper besteht somit kein Zweifel an Platons Forderung nach der Errichtung von Umerziehungs- und Konzentrationslagern, sowie an Platons Verachtung der einfachen Leute, die wie Herdenvieh behandelt werden sollen:

Natürlich kann man vieles aus der Zeit und aus Platons spezifischer Situation erklären. Aber er hatte diese Idee von *Untermenschen* gehabt. Man sollte sie wie Rinder und Schafe behandeln [...]. [50]

Bei Platon seien eben nur die Wächter und Philosophenkönige im Besitz der Wahrheit. Dagegen bestehe das Wesen der offenen Gesellschaft darin, dass jedes Mitglied seine eigene Wahrheit einbringen kann, ob einfacher Bürger oder führender Politiker. Vor allem müsse in der offenen Gesellschaft jeder selbstkritisch einräumen, dass er sich irren könnte. Platon hätte dagegen mit der Unfehlbarkeit der Philosophenkönige einen totalitären Staat entworfen, der keinen Raum für Kritik und Falsifikationen lasse. Zudem habe Platon von Anfang an in seiner politischen Philosophie die falsche Frage gestellt:

Plato formulierte das Problem folgendermaßen: *Wer soll herrschen? Die wenigen oder die vielen? Seine Antwort war: Der Beste soll herrschen!* Das wäre auch die Antwort von Mussolini gewesen oder die von Hitler. [51]

Nicht nur Platons Antwort, auch seine zentrale Frage sei bereits falsch gewesen. Statt „wer" soll regieren, müsse man fragen „wie" soll regiert werden? Die entscheidende Überlegung lautet deshalb bei Popper:

Wie können wir politische Institutionen so organisieren, daß es schlechten oder inkompetenten Herrschern unmöglich ist, allzu großen Schaden anzurichten? [52]

Seine Antwort ist die Befristung jeder Regierungszeit, um im Ernstfall analog zum naturwissenschaftlichen Verfahren von Versuch und Irrtum, schlechte Regierungen als Irrtum zu erkennen und auszuwechseln:

Die Möglichkeit, die Regierung ohne Schüsse abzusetzen, ist das Wichtigste an der Demokratie. [53]

Die Demokratie ist gemäß Popper die logische Staatsform einer offenen Gesellschaft. Als man ihn auf die zahlreichen Probleme der Demokratie ansprach, etwa das Problem, dass anstelle der Bürger oft nur noch Parteien und Wirtschaftslobbyisten regieren, zitierte er Winston Churchill:

Churchill, der ein guter Demokrat war, sagte einmal: „Die Demokratie ist die schlechteste Regierungsform – ausgenommen alle anderen Regierungsformen, die je versucht worden sind." [54]

Demokratie ermöglicht Kontrolle durch Wahlen. Die Philosophenkönige in Platons Idealstaat können aber niemals kontrolliert, abgewählt oder abgesetzt werden. Deshalb sei Platon der erste Vertreter des Totalitarismus gewesen. In der Neuzeit hätten dann Hegel und Marx sein verhängnisvolles Erbe angetreten.

Die falschen Propheten Hegel und Marx

Auch Hegel und Marx sind für Popper Wegbereiter des Totalitarismus. Zu diesem Ergebnis kommt er in seinem Buch *Die offene Gesellschaft und ihre Feinde – Falsche Propheten: Hegel, Marx und die Folgen*. Bereits im Titel des Buches bezeichnet er Hegel und Marx als „falsche Propheten". Beide Denker würden, so Popper, obskure und unzulässige Voraussagen machen. Sie behaupten, das dialektische Bewegungsgesetz der Menschheitsgeschichte erkannt zu haben. Und nicht nur das – Hegel und Marx würden den Menschen sogar das angebliche Ziel der Geschichte vorgeben. Dies sei aus der Sicht der offenen Gesellschaft ein unzulässiger Determinismus. So habe Hegel behauptet, dass am Ende der Entwicklung von der Barbarei hin zur Zivilisation der preußische Verfassungsstaat als Höhepunkt der Entfaltung des Weltgeistes stehe:

Hegels Philosophie war die Vergötterung des Staates und zwar speziell des preußischen Staates. Der preußische Staat wurde von Hegel [...] als der „Marsch Gottes durch die Welt" erklärt." 55

Tatsächlich feiert Hegel in seiner Geschichtsphilosophie den modernen Verfassungsstaat als große Errungenschaft gegenüber den antiken und mittelalterlichen Staatsformen. Der Verfassungsstaat würde den Bürgern mit seiner Verfassung und dem Bürgerlichen Gesetzbuch erstmals Rechtssicherheit geben und das Gebot der Gleichheit vor dem Gesetz verwirklichen. Auch Popper hat genau wie Hegel die Einführung von Verfassungen als Fortschritt gesehen. Er kritisiert Hegel aber dennoch massiv, weil dieser den Staat zu sehr überhöhen und damit das Individuum entmündigen würde:

[...] der Staat (ist) alles, und das Individuum nichts. [...] "Das Allgemeine ist im Staate", schreibt Hegel. „Der Staat ist die Welt, die der Geist sich gemacht hat. [...] der Staat ist das vorhandene wirklich sittliche Leben." Diese Auswahl an Äußerungen mag hinreichen, um [...] zu zeigen, wie unerbittlich er auf der absoluten moralischen Autorität des Staates besteht [...]. [56]

Hegel habe neben der Überhöhung des Staates als sittliche und gesetzgeberische Instanz noch einen zweiten, folgenreichen Fehler begangen. Er habe festgestellt, dass es zwischen den verschiedenen Staaten keine überstaatliche Macht, keinen Prätor und kein überstaatliches Gesetz gäbe, weshalb es zwischen Staaten bisweilen zu Kriegen käme. Popper zitiert und kommentiert folgende Textstelle von Hegel:

„das Verhältnis von Staaten zu Staaten ist schwankend: es ist kein Prätor vorhanden, der da schlichtet." [...] Hegel kann deshalb [...] das „wahrhafte *Resultat* der

Weltgeschichte" identifizieren. Erfolgreich sein [...] heißt, als der Stärkste aus dem dialektischen Kampf der verschiedenen Nationalgeister [...] um die Weltherrschaft, hervorzugehen [...]. [57]

Mit seiner Beschreibung des Staates als schicksalhafte Verwirklichung des Weltgeistes und seiner Beschreibung möglicher Auseinandersetzungen zwischen den Staaten um die Vorherrschaft habe Hegel die Grundlage für die späteren totalitären Welterklärungen von Marx und Hitler geliefert. Denn, so Popper:

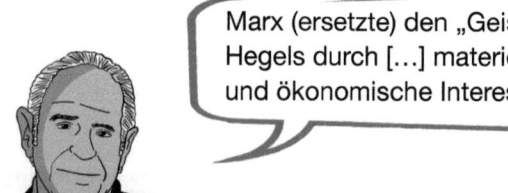

Marx (ersetzte) den „Geist" Hegels durch [...] materielle und ökonomische Interessen.

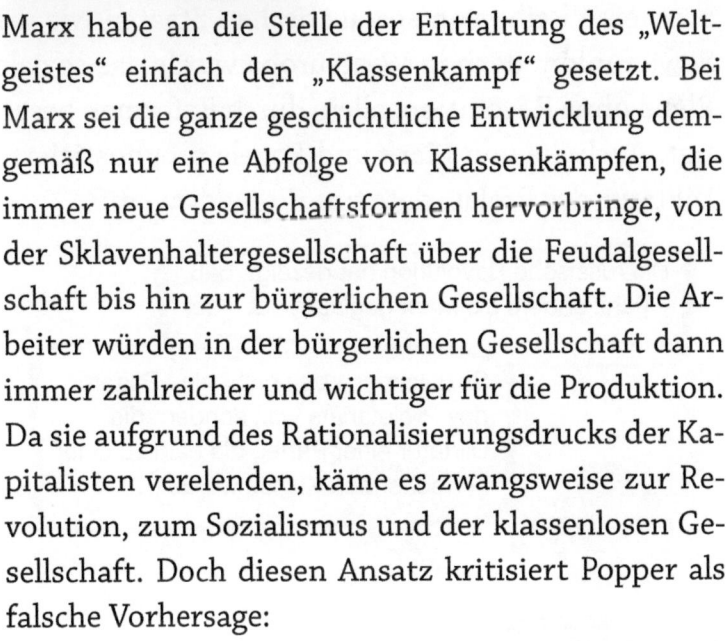

In derselben Weise ersetzt die Rassenlehre den „Geist" Hegels durch [...] die quasi-biologische Vorstellung des Blutes oder der Rasse. Statt des „Geistes" ist nun das Blut [...] der Beherrscher der Welt und entfaltet sich auf der Bühne der Weltgeschichte; [58]

Marx habe an die Stelle der Entfaltung des „Weltgeistes" einfach den „Klassenkampf" gesetzt. Bei Marx sei die ganze geschichtliche Entwicklung demgemäß nur eine Abfolge von Klassenkämpfen, die immer neue Gesellschaftsformen hervorbringe, von der Sklavenhaltergesellschaft über die Feudalgesellschaft bis hin zur bürgerlichen Gesellschaft. Die Arbeiter würden in der bürgerlichen Gesellschaft dann immer zahlreicher und wichtiger für die Produktion. Da sie aufgrund des Rationalisierungsdrucks der Kapitalisten verelenden, käme es zwangsweise zur Revolution, zum Sozialismus und der klassenlosen Gesellschaft. Doch diesen Ansatz kritisiert Popper als falsche Vorhersage:

Es war der Versuch, geschichtlich nachzuweisen, daß es zur sozialen Revolution kommen muß [...]. Der Sozialismus war gemäß Marx mit

Hilfe seiner Geschichtstheorie voraussagbar, genau wie man eine Sonnenfinsternis mit Hilfe der Astronomie voraussagen kann. [59]

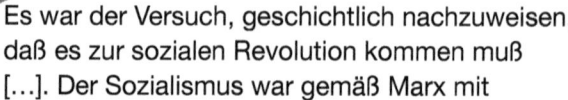

Doch die Voraussage von Marx trat nicht ein. Es gab zwar eine Reihe von sozialistischen Staaten wie die Sowjetunion, doch in Westeuropa wurde das soziale Elend ohne Revolution, allein durch Reformen beseitigt. Auch die von Marx und Engels prognostizierte Diktatur des Proletariats trat nirgendwo ein:

Die russische Revolution hat gezeigt, daß – ganz anders als Marx geglaubt hat – der

Sozialismus eben nicht eine Diktatur des Proletariats war, sondern die Diktatur einer Partei, die bald zu einer herrschenden Klasse wurde [...]. [60]

Es sind aber, so Popper, nicht die Irrtümer von Marx, die seine Geschichtsphilosophie so gefährlich gemacht haben, sondern seine prinzipielle Vorhersage des Endzustandes der Geschichte:

Die Revolution kommt, das hat Marx bewiesen, darum müssen wir ihr helfen. [61]

Alle diejenigen, so Popper, die nicht an der Revolution und der Verwirklichung des Sozialismus mitwirken wollen oder sogar Alternativen vorschlagen, werden dann automatisch als „Klassenfeinde" gebrandmarkt, die dem historischen Fortschritt im Wege stehen. Im Schlusskapitel seines Werkes *Die offene Gesellschaft und ihre Feinde* stellt Popper die Frage *„Hat die Weltgeschichte einen Sinn?"* Seine Antwort lässt keinen Zweifel aufkommen:

Die Weltgeschichte hat keinen Sinn. [...] Dies muß die Antwort jedes humanitär gesinnten Menschen [...] sein. [62]

Alle diejenigen, die behaupten, den Sinn der Geschichte zu kennen, seien „falsche Propheten" und würden die Menschen ins Unglück stürzen. Marx hätte mit seiner Theorie von der Diktatur des Proletariats, die Grundlage für die jahrzehntelange Unterdrückung der Bevölkerung in den sozialistischen Ländern geliefert. Hitler hätte mit seiner Geschichtsphilosophie vom Kampf der Rassen und der vorbestimmten Herrschaft der Arier die ganze Welt in den Krieg geführt. In seinem Buch *Das Elend des Historizismus* kritisiert Popper deshalb alle Propheten und Prophezeiungen als verhängnisvoll, da sie die Entfaltung der offenen Gesellschaft verhindern:

Wenn wir die Welt nicht wieder ins Unglück stürzen wollen, müssen wir unsere Träume von der Weltbeglückung aufgeben. [...] Wir müssen uns mit der nie endenden Aufgabe begnügen, Leiden zu lindern, vermeidbare Übel zu bekämpfen [...]. [63]

Dies muss mit vielen kleinen Reformen geschehen und zwar nach dem Prinzip von Versuch und Irrtum. Wir lernen aus unseren Fehlern und verbessern die Welt. Diejenigen aber, die glauben, dass sie die Geschichte als Ganzes durchschauen und ihr Endziel vorhersagen können, nennt Popper „Historizisten":

Die Vorstellung, daß man historische Voraussagen dieser Art machen kann, ist [...] Historizismus [...]. [64]

Sowohl Hegel, als auch Marx seien solche „Historizisten" gewesen.

Popper hat seine Kritik zu einem Zeitpunkt vorgebracht, als noch ein Drittel der Menschheit in Gesellschaften lebte, deren Regierungen sich explizit auf Marx und den Marxismus beriefen. Doch auch heute, nach dem Fall des Eisernen Vorhangs und der Selbstauflösung der sozialistischen Staaten, gilt Poppers Warnung vor Ideologien, die ein Ziel der Geschichte vorgeben:

> *[...] wenn es so etwas wie ein wachsendes menschliches Wissen gibt, dann können wir nicht heute das vorwegnehmen, was wir erst morgen wissen werden.* [65]

Kritischer Rationalismus als ständige Erneuerung von Wissen und Gesellschaft

Anstelle der gigantischen Sozialutopie einer klassenlosen Gesellschaft benötigen wir, laut Popper, die ständige Verbesserung der Verhältnisse durch rationale Selbstkritik und Reformen. Popper hat deshalb eine eigene philosophische Schule gegründet, den sogenannten „Kritischen Rationalismus".

Für die Politik, so Popper, gelte letztlich dasselbe wie für die Naturwissenschaft. Wir verfügen immer nur über Vermutungswissen. Daraus folgt, dass wir unsere Theorien mit dem Verfahren von Versuch und Irrtum falsifizieren und notfalls wieder aufgeben müssen:

> Wir können uns nie Sicherheit verschaffen, daß unsere Theorie nicht hinfällig ist. Alles was wir tun können, ist, nach dem Falschheitsgehalt unserer besten Theorie zu fahnden. [66]

Dies gilt auch und in ganz besonderer Weise für die Geisteswissenschaften und die Politik. Jede Reform, jedes Konzept und jede geplante Verbesserung der Gesellschaft könnte ein Irrtum sein. Darüber sollten sich die Politiker der Welt im Klaren sein:

> [...] jeder Mensch, der sich in Politik in irgendeiner Weise hineinmischt, [...] muß daran denken, daß

> er nichts weiß und lernen muß [...]. Er muß sich selbst kritisieren und dauernd seine Lehren über den Staat und die Gesellschaft verbessern können. [67]

Und genau diese selbstkritische Geisteshaltung nennt Popper den „Kritischen Rationalismus":

> [...] *der kritische Rationalismus,* den ich vertrete – (ist) die Einstellung oder die Bereitschaft eines Menschen, auf kritische Argumente zu hören und von seinen Fehlern [...] zu lernen. [68]

Wissenschaftler und Politiker müssten deshalb bescheiden, dialog- und kritikfähig bleiben. Sie sollten sich den berühmten Ausspruch von Sokrates zu Herzen nehmen: „Ich weiß, dass ich nichts weiß."

Popper beruft sich mit seinem „Kritischen Rationalismus" direkt auf den frühen Sokrates, wie er von Platon in der „Apologie" korrekt dargestellt wurde. Diese frühe Darstellung, so behauptet Popper, entspreche der wirklichen historischen Geisteshaltung des Sokrates. Dieser sei nämlich, wie er selbst, ein „Falsifikationist" gewesen. Der berühmte Satz von Sokrates, „Ich weiß, dass ich nichts weiß", bedeute, so Poppers Interpretation, dass es auch für Sokrates keine zeitlos verbindliche Wahrheit gegeben habe und wir immer nur Annäherungen erzielen können. Platon hätte Sokrates in der Apologie noch richtig interpretiert, in seinen späteren Dialogen dann aber als Vertreter der Ideenlehre inszeniert und missbraucht. Da Sokrates selbst nichts Schriftliches hinterlassen hat, und wir unser Wissen über ihn vor allem seinem Schüler Platon verdanken, ist der Vorwurf der Fehlinterpretation des Sokrates durch Platon schwer nachzuprüfen. Popper jedenfalls beruft sich auf Sokrates, lehnt zeitlos geltende Ideen ab und fordert die ständige Überprüfung derselben:

Unsere Ideen können, wenn wir hinreichend offen sind, durch die Wirklichkeit korrigiert werden. [69]

Da dies für die Naturwissenschaft ebenso gelte wie für die Politik, bedürfe es künftig einer neuen Form des Regierens. Popper empfiehlt die Einführung einer sogenannten „Sozialtechnik". Das bedeutet, die Politiker müssten im Grunde genommen „Sozialingenieure" oder auch „Stückwerkingenieure" werden, die sich genau wie Naturwissenschaftler zuerst Hypothesen zur Verbesserung der sozialen Verhältnisse ausdenken, diese dann kontrolliert anwenden und mit der Methode von Versuch und Irrtum gegebenenfalls wieder fallen lassen oder eben weiter verbessern:

Der typische Stückwerk-Ingenieur wird folgendermaßen vorgehen. Er mag zwar einige Vorstellungen von der idealen Gesellschaft „als Ganzem" haben – sein Ideal

wird vielleicht die allgemeine Wohlfahrt sein –, aber er ist nicht dafür, daß die Gesellschaft als Ganzes neu

geplant wird. Was Immer seine Ziele sein mögen, er sucht sie schrittweise durch kleine Eingriffe zu erreichen, die sich dauernd verbessern lassen. [70]

Was nutzt uns Poppers Entdeckung heute?

Poppers Konzept der „schrittweisen Verbesserung" des Lebens

Was nutzt uns am Ende Poppers Entdeckung? Sein kritischer Rationalismus fand unter den Wissenschaftlern schon bald viele Anhänger. Insbesondere bekannte Physiker wie Einstein begrüßten Poppers neuen Ansatz. Verfolgt man jedoch die weitere Entwicklung bis heute, muss man feststellen, dass sich der „Kritische Rationalismus" in der Wissenschaftstheorie und in der naturwissenschaftlichen Praxis nicht entscheidend durchsetzen konnte. Die Falsifikation wird zwar als wesentliches Moment einer Theoriekritik anerkannt, doch herrscht in der Praxis nach wie vor das induktivistisch-empirizistische Begründungsprinzip vor: Umso größer die Zahlen der Fallstudien und der empirischen Befunde ausfallen, um so glaubwürdiger ist die Theorie.

Dagegen haben die Politiker den „Kritischen Rationalismus" mit großem Interesse aufgenommen.

Heute berufen sich im Grunde Politiker aller Parteien auf die Förderung und Erhaltung der „offenen Gesellschaft". Poppers Kerngedanke einer jederzeit kritikfähigen und toleranten politischen Kultur ist nach den Erfahrungen von Faschismus, Nationalsozialismus und Stalinismus zu einem Grundpfeiler moderner Demokratien geworden. Ebenso verinnerlicht wurde Poppers These, dass es unmöglich sei, die Welt mit einem Schlag vom Leid zu befreien:

Es kann keine vollkommene Gesellschaft geben. [71]

So hat sich beispielsweise der frühere Bundeskanzler Helmut Schmidt explizit auf Popper berufen. Seinen sozialdemokratischen Parteigenossen legte er folgende Empfehlung nahe: „Jeder Sozialdemokrat soll Marx lesen, aber auch Popper." [72] Die Sozialdemokraten sollten die utopische Idee des revolutionären Umbaus der Gesellschaft ein für alle Mal zu Gunsten reformorientierter Sozialpolitik aufgeben. An die Stelle des Sozialismus müsse als neuer Weg die

schrittweise Verbesserung der sozialen Verhältnisse
treten, und zwar in der bescheiden selbstkritischen
Art, wie sie Popper vorgeschlagen habe:

> Versuchen Sie die Welt [...] anzusehen [...]
> als einen wunderschönen Platz, den wir
> wie einen Garten noch verbessern und
> kultivieren können. Versuchen Sie dabei die
> Bescheidenheit eines erfahrenen Gärtners
> anzuwenden, [...] der weiß, daß ihm viele
> seiner Versuche mißglücken werden. [73]

Auch der frühere deutsche Bundeskanzler Helmut
Kohl von der CDU berief sich auf Popper und sah
in ihm einen konservativen Vordenker. Umso ent-
täuschter müssen Kohl und Schmidt gewesen sein,
als Popper sich politisch immer deutlicher als „Li-
beraler" zu erkennen gab. Er hatte ohnehin bereits
1947 zusammen mit Friedrich Hayek und Milton
Friedman die „Mont Pelerin Society" gegründet,
eine Vereinigung, welche die Idee des Wirtschaftsli-
beralismus weltweit verbreiten wollte. Popper selbst
bezeichnete sich gerne als den „Liberalen mit dem
Rasiermesser", da er dennoch die Auswüchse der kapitalistischen Wirtschaftsweise scharf kritisierte.

Sein politisches Vermächtnis besteht letztlich in der Aufforderung, sich keiner totalitären Ideologie zu verschreiben, auf revolutionäre Umstürze zu verzichten und die Welt in kleinen Schritten zu verbessern.

Hat Popper recht? Sind Platon, Hegel und Marx Wegbereiter des Totalitarismus?

Die Deutschen standen schon vor 1848 vor einer Entscheidung: Kant oder Hegel? Sollen wir den Frieden wählen oder die Macht des Staates. Zu ihrem Unglück wählten sie Hegel [...]. [74]

Zunächst muss man Popper wohl ganz einfach entgegenhalten, dass er den Einfluss von Hegel und Kant überschätzt. Weit über 90 Prozent der Deutschen haben niemals Kant gelesen, geschweige denn verstanden. Und man kann mit Sicherheit behaupten, dass diese Zahl bei Hegel nochmals um ein Vielfaches geringer ausfällt. Selbst Goethe ist ja an der Lektüre Hegels verzweifelt und hat ihn einmal persönlich gebeten, ihm doch die Dialektik zu erklären, und zwar so, wie er sie einem Kind erklären würde. Hegel antwortete ihm, er müsse sich nur an den Widerspruchsgeist erinnern, den er selbst als Kind hatte. Dialektik sei der geregelte, methodisch ausgebildete Widerspruchsgeist, der jedem Menschen innewohnt und der die Wissenschaft voranbringt. Goethe mag daraufhin Hegel vielleicht besser verstanden haben, aber mit Sicherheit gelang dies nicht vielen seiner Zeitgenossen. Popper bleibt aber dabei, dass insbesondere die Intellektuellen unter dem Einfluss von Hegels philosophischer Erziehung standen:

Ich glaube, daß der Erste Weltkrieg nicht hätte ausbrechen können, wenn die deutschen Intellektuellen nicht durch diese Erziehung geistig gelähmt worden wären. [75]

Zweifellos hat Popper hier dem Einfluss von Hegels Staatstheorie zu viel Gewicht beigemessen. Generell musste er für seine drastische Beurteilung von Platon, Hegel und Marx als „Vordenkern des Totalitarismus" auch Kritik einstecken.

Hinsichtlich Platon stellte die Forschung unter anderem die Frage, ob man Platons Idealstaat unter der Regierung gut ausgebildeter und mehrfach auf ihre charakterliche Eignung überprüfter Philosophenkönige tatsächlich als totalitär bezeichnen kann. Die Philosophenkönige seines Idealstaates seien der Höherbildung der Seele und der Idee des Guten, Wahren und Schönen verpflichtet, so dass eine menschenverachtende Politik prinzipiell auszuschließen sei.

Doch Popper und seine Schüler gaben sich damit nicht zufrieden. Die Verwirklichung der Idee des „Guten" durch die Philosophenkönige sei in keiner Weise nachprüfbar, da Platon das, was er für das „Gute" hält, niemals konkretisiert hat. Die Regierung der Philosophenkönige könne somit keiner rationalen Kritik unterzogen werden und sei eben deshalb totalitär.

Bei Poppers Hegelkritik steht insbesondere Hegels unverständliche Ausdrucksweise im Vordergrund:

Ich halte Hegel, und schon gar Heidegger für philosophisch völlig leere und uninteressante Chauvinisten. [76]

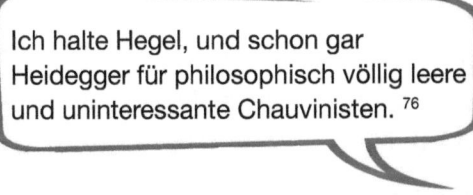

Man kann ihnen nicht mehr nachweisen, daß das, was sie sagen falsch ist, weil es unverständlich ist [...]. [77]

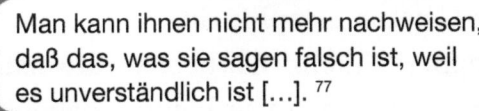

Popper kritisiert also, dass man Hegels Philosophie nicht falsifizieren und als fehlerhaft überführen könne, da das, was er sagt, erst gar nicht verstehbar sei:

Ich behaupte, daß es bei Hegel [...] immer wieder Stellen gibt, die so vage und schwierig ausgedrückt sind, daß man nicht wissen kann, was wirklich gemeint ist, und ob überhaupt etwas gemeint ist. [...] Man kann

ihm nicht sagen: Lieber Hegel, das ist falsch. Weil nicht klar ist, *was* es ist, ist auch nicht klar, *daß* es falsch ist. [78]

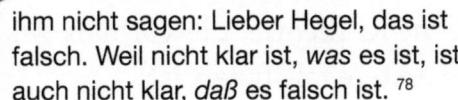

Es spricht für Popper, dass er selbst zugibt, Hegel nicht vollumfänglich verstanden zu haben. Und tatsächlich geht die Forschung heute davon aus, dass Popper insbesondere Hegels Geistphilosophie hermeneutisch doch äußerst lückenhaft interpretiert hat. [79]

Dies ist insofern etwas schade, als Hegels evolutive Geistphilosophie durchaus eine gewisse Nähe zu Poppers Erkenntnistheorie aufweist. Denn auch Hegel geht, genau wie Popper, davon aus, dass es zunächst keine absolute Wahrheit gibt, sondern nur eine permanente Annäherung. Dabei erzeugt jede Epoche der Wissenschaft bei Hegel, genau wie bei Popper, ihre eigene Wahrheit, die aber nur so lange tragfähig ist, bis sie widerlegt und von einer neuen und besseren Wahrheit dialektisch abgelöst oder, wie sowohl Hegel als auch Popper sagen, „auf eine höhere Stufe" gehoben wird. Das vormals für wahr Geglaubte „sinkt" zu einer „einfachen Schattierung der Wahrheit" [80] herab, heißt es bei Hegel ganz im Sinne von Poppers Wissenschaftstheorie, wonach jede neue Theorie, die vormals geltende ablöst, sobald erstere falsifiziert ist.

Genau das ist auch der Sinn von Hegels berühmtestem Satz: „Das Wahre ist das Ganze, das Ganze ist aber nur das durch seine Entwicklung sich vollendende

Wesen." [81] Ob und wann die Entwicklung hin zur ganzen Wahrheit jemals abgeschlossen sein wird, lässt Hegel ebenso offen wie Popper. Zwar ist in Hegels Philosophie klar ausgesprochen, dass der dialektische Wahrheitsprozess irgendwann im „absoluten Wissen", also einem Zustand der Übereinstimmung von Erkenntnis und Wirklichkeit gipfeln muss, aber auch Popper setzt dieses Endziel des Erkenntnisprozesses in einer absoluten Übereinstimmung von Theorie und Wirklichkeit implizit voraus. Er hat dies in einem Interview mit der französischen Zeitschrift „L'Express" auch selbst eingeräumt:

> Nur im Hinblick auf eine absolute Wahrheit können wir uns unserer Unwissenheit bewußt werden. [...] Aber sie ist auch noch aus einem anderen Grund wichtig: [...] Sie widersetzt sich dem Relativismus, der gerne möchte, daß die Wahrheit nicht existiert. [82]

Im Endeffekt verteidigt Popper, genau wie Hegel, die Annahme einer absoluten Wahrheit. Poppers Vorwurf, Hegel hätte diese absolute Wahrheit und das Ende des evolutiv dialektischen Prozesses völlig verkürzt im preußischen Verfassungsstaat und darüber hinaus in einem Kampf der Staaten um die Weltherrschaft gesehen, ist hermeneutisch nicht belegbar.

Auch war Hegel trotz der von Popper zurecht kritisierten Überhöhung des preußischen Staates, keineswegs ein Nationalist, sondern genau wie er selbst ein überzeugter Anhänger und Verfechter der Werte der Aufklärung und der Menschenrechte. Hegel sagt wörtlich: „Der *Mensch gilt* so, *weil er Mensch ist*, nicht weil er Jude, Katholik, Protestant, Deutscher, Italiener usf. ist". [83] Zudem betrachtet Hegel genau wie Popper die geschichtliche Entwicklung als einen „Fortschritt des Bewusstseins im Sinne der Freiheit" und betont sogar den zunehmenden Individualismus, die Rechtsgleichheit und bürgerliche Freiheit.

Fazit: Die Ähnlichkeiten zwischen beiden Denkern sind letztlich so eklatant, dass man Popper in vielerlei Hinsicht als modernen Hegelianer bezeichnen könnte, auch wenn er sich dabei im Grabe umdrehen würde.

Der einzig echte Unterschied zwischen beiden Denkern besteht darin, dass die ganze Entwicklung des Lebens und der Wissenschaft von einfachsten Anfängen bis heute bei Hegel eine dreifache dialektische Selbstentfaltung ist: Erstens die Entfaltung des menschlichen Bewusstseins, zweitens die Entfaltung der Weltgeschichte und drittens die Entfaltung des metaphysischen Weltgeistes, wobei alle drei Bewegungen nur verschiedene Perspektiven ein- und derselben dialektischen Selbstaufhebung sind. Auch bei Popper ist die Entfaltung des Lebens und der Wissenschaft eine Art „Selbstbewegung", allerdings zunächst eine rein biologische, angetrieben durch Mutation und Selektion:

> Von Anfang an, wahrscheinlich durch Darwinsche Selektion, sucht das Leben eine bessere Welt. [84]

Erst später kommt das menschliche Bewusstsein dazu und setzt die Entwicklung fort:

> Alle Organismen stellen und lösen dauernd Probleme; und daher ist die Wissenschaft eigentlich nichts als eine Fortsetzung der Tätigkeit der niederen Organismen. [85]

Popper und Hegel weisen letztlich in ihren Denkfiguren mehr Ähnlichkeiten als Unterschiede auf. Zweifellos war Hegel kein „Prätotalitarist".

Ähnlich wie bei Hegel, hat auch Poppers Kritik am Marxismus zahlreiche Gegner auf den Plan gerufen. Marx, so kann man mit großer Sicherheit sagen, war zweifellos ein Humanist und hat versucht, aus der Welt einen besseren Ort zu machen. Allerdings gesteht dies Popper zu:

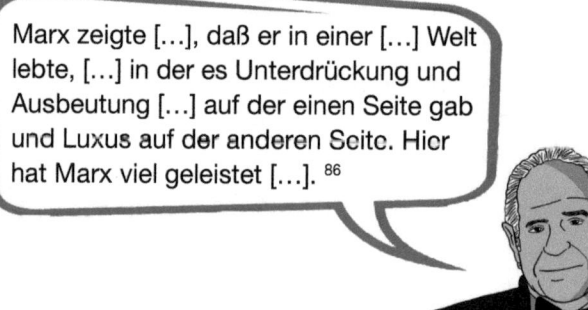

Marx zeigte [...], daß er in einer [...] Welt lebte, [...] in der es Unterdrückung und Ausbeutung [...] auf der einen Seite gab und Luxus auf der anderen Seite. Hier hat Marx viel geleistet [...]. [86]

Trotz dieser Würdigung bleibt Popper aber bei seiner grundsätzlichen Kritik:

Ich glaube, daß Marx trotz seiner Verdienste ein falscher Prophet gewesen ist. [87]

Marx habe mit seiner Vision von der notwendigen Errichtung der klassenlosen Gesellschaft letztlich genau wie Platon mit seinem Idealstaat versucht, den Himmel auf Erden einzurichten. Doch genau das sei, so Popper, ein prinzipiell fatales Unternehmen:

> [...] der Versuch, den Himmel auf Erden zu errichten, erzeugt stets die Hölle. Dieser Versuch führt zu Intoleranz, zu religiösen Kriegen und zur Rettung der Seelen durch die Inquisition. [88]

Ob Marx tatsächlich, wie Popper meint, aufgrund seines Geschichtsdeterminismus für die diktatorischen Strukturen der sozialistischen Länder verantwortlich gemacht werden kann, ist spekulativ und somit nicht beantwortbar.

Wenn man aber abschließend das über tausendseitige Werk *Die offene Gesellschaft und ihre Feinde* würdigen will, muss man feststellen, dass Popper mit seiner Kritik an Platon, Hegel und Marx als den maßgeblichen Wegbereitern von Diktatur, Rassismus und Totalitarimus in einigen Punkten über das Ziel hinausgeschossen ist, dass er aber dennoch mit seiner aggressiven und respektlosen Art auch etwas sehr Wichtiges geleistet hat. Es geht ihm letztlich um die Entlarvung altehrwürdiger Philosophendenkmäler unter einer völlig neuen Perspektive – und zwar unter der Perspektive des Kritischen Rationalismus und der „offenen Gesellschaft". Mit seinem Angriff auf die drei Geistesgrößen setzt Popper ein Zeichen. Er will uns ermutigen, den Maßstab der „offenen Gesellschaft" und der Demokratie kompromisslos auf alle Personen und alle Epochen der Geschichte anzuwenden, um in sämtlichen Bereichen unser kritisches Bewusstsein zu schulen. Ähnlich wie die altehrwürdigen Denker Platon, Hegel und Marx, sollte man, so Popper, auch historische Berühmtheiten wie Cäsar noch einmal ganz neu mit den Augen des Kritischen Rationalismus sehen:

[...] wir sind [...] nicht mehr bereit, die ganz großen Verbrecher anzuhimmeln – wie den Julius Cäsar zum Beispiel, der Frankreich verwüstete und alles in seine eigene Tasche steckte [...] und als der reichste Mensch der Welt nach Rom zurückgekehrt ist. [89]

Tatsächlich kann man mit Popper fragen, ob der Geschichtsunterricht an unseren Schulen nicht grundlegend reformiert werden müsste. Nicht nur die zumeist positive Darstellung von Cäsar, der als Diktator das Wahlkonsulentum der frühen römischen Republik durch die Diktatur ersetzt hat, ist problematisch. In den Geschichtsbüchern wird auch immer noch von „Alexander dem Großen" gesprochen. Aus demokratietheoretischer Sicht, also aus der Perspektive des Kritischen Rationalismus ist Alexander alles andere als eine große Persönlichkeit. Kritisch rational betrachtet, hat er mit zehntausenden bezahlten Söldnern einen ganzen Kontinent überfallen, den über Jahrzehnte erbauten Palast von Persepolis unwiederbringlich dem Erdboden gleichgemacht, sich selbst als Gott verehren lassen und schließlich alle, die sich ihm widersetzten, im Rausch oder mit Berechnung ermordet oder hinrichten lassen. Sein künstliches, mit Gewalt zusammengehaltenes Großreich zerfiel dann auch wenige Jahre nach seinem Tod.

Fazit: Auch wenn Popper seine Kritik an Platon, Marx und insbesondere an Hegel an einigen Stellen zu offensiv vorgetragen hat, bleibt doch sein Kerngedanke unangefochten bestehen: die Forderung nach einer „offenen Gesellschaft" und die Empfehlung, dass wir niemals wieder historizistische Prognosen über den angeblichen Endpunkt der Geschichte akzeptieren dürfen:

> Die Zukunft hängt von uns selbst ab, und wir sind von keiner historischen Notwendigkeit abhängig. [90]

Der Positivismusstreit: Kritischer Rationalismus statt Kritischer Theorie?

Sein Leben lang bleibt Popper ein äußerst streitbarer Denker. Mit seiner neuen Methode des „Kritischen Rationalismus" macht er vor nichts und niemanden halt. Und so kommt es 1961 zu einer zweiten großen Auseinandersetzung mit anerkannten Geistesgrößen der Philosophie, diesmal mit seinen noch lebenden Zeitgenossen Adorno und Habermas, den bedeutendsten Vertretern der sogenannten Frankfurter Schule oder „Kritischen Theorie", die in der Tradition von Hegel und Marx stehen. Diese Auseinandersetzung geht als „Positivismusstreit" in die Geschichte ein und wird bis heute diskutiert.

Popper entfaltet seinen Kerngedanken in zwei Phasen. In der ersten Phase veröffentlicht er in seinem Werk *Die Logik der Forschung* seine neue Erkenntnistheorie, wonach jede wissenschaftliche Theorie nur Vermutungswissen ist und daher auch nur so lange Bestand hat, bis sie falsifiziert wird. In der zweiten Phase, beginnend mit seinem Werk *Die Feinde der offenen Gesellschaft*, überträgt er diese naturwissenschaftliche Erkenntnistheorie auf die Politik und die Geisteswissenschaften. Auch Psychologen, Soziologen und Philosophen sollten künftig, so Popper, nur noch solche Theorien aufstellen, die nach der Methode von „Versuch und Irrtum" überprüf- und falsifizierbar sind.

Erstmals erhob Popper diese Forderung systematisch auf dem Tübinger Soziologentag. Der renommierte Soziologe Ralf Dahrendorf hatte die namhaftesten Soziologen und Philosophen dazu eingeladen, ihre Standpunkte auszutauschen, unter ihnen auch Popper und Adorno. Popper hielt den Eröffnungsvortrag *Zur Logik der Sozialwissenschaften*. In 27 Thesen propagierte er die aus seiner Sicht notwendige und einzig korrekte wissenschaftliche Vorgehensweise. Sein Vortrag wurde zum Stein des Anstoßes. Denn in seiner berühmten sechsten These empfiehlt Popper den Soziologen und Sozialwissenschaftlern, analog zur Verfahrensweise der Naturwissenschaften, nur noch einzelne Hypothesen aufzustellen, die man dann auch mit konkreten Ereignissen, Fakten und Messungen empirisch belegen oder umgekehrt als falsch kritisieren kann:

> Die Methode der Sozialwissenschaften wie auch der Naturwissenschaften besteht darin, Lösungsversuche [...] auszuprobieren. Lösungen werden vorgeschlagen und kritisiert. [91]

Und das bedeutet:

> Wenn ein Lösungsversuch der sachlichen Kritik nicht zugänglich ist, wird er eben deshalb als unwissenschaftlich ausgeschaltet [...]. [92]

Das alles klingt eigentlich noch recht gemäßigt, hatte aber eine fatale Konsequenz. Wenn nämlich, wie Popper fordert, alle Lösungsversuche und Theorien „als unwissenschaftlich ausgeschaltet" werden, die einer kritischen Überprüfung in Form einer Falsifizierung unzugänglich sind, ist mit einem Schlag auch die Gesellschaftstheorie der Frankfurter Schule „unwissenschaftlich" beziehungsweise unzulässig. Und tatsächlich hält Popper den Ansatz von Adorno für „Obskurantismus".[93]

Adorno würde, so Popper, in seiner bekanntermaßen kapitalismusfeindlichen Theorie von der Entfremdung und Falschheit des gesamten kapitalistischen Systems ausgehen und von diesem Standpunkt aus die einzelnen Ereignisse und Vorgänge kritisieren. So würde Adorno auch sagen: „Das Ganze ist das Unwahre". Das Ganze der kapitalistischen Wirtschaftsweise kann man aber weder falsifizieren noch widerlegen. Somit sei die Theorie von Adorno und der gesamten Frankfurter Schule nicht falsifizierbar und damit „unwissenschaftlich".

Adorno und Habermas kritisierten ihrerseits den methodisch naturwissenschaftlichen Ansatz von Popper als naiv. Popper und den Naturwissenschaften fehle jede Selbstreflexion gegenüber ihren eigenen, beschränkten Sichtweisen. Die Naturwissenschaftler, so Adorno, lassen immer nur das als wahr gelten, was sie gerade nicht falsifizieren und widerlegen können. Sie halten also umgekehrt all das für wahr, was sie „positiv", faktisch vorfinden, messen und in Experimenten wiederholen können. Dabei verlieren sie jede andere Wahrheit aus den Augen, die von komplexerer und nicht messbarer Natur ist. Sie gestehen sich selbst nicht mal mehr ein, dass ihre sogenannten „wissenschaftlichen Studien" unter dem perspektivischen Zwang bestimmter Machtkalküle, Unternehmensziele und Kapitalinteressen stehen. Nur die „Kritische Theorie" erfasse mit ihrem begründeten Verdacht gegen das große Ganze des kapitalistischen Systems die dahinterstehenden Interessen.

Es mache, so Adorno, für Soziologen nämlich keinerlei Sinn, beispielsweise nur Familie, Autoritäten, Peers und Massenmedien isoliert zu erforschen und diesbezügliche Hypothesen aufzustellen, ohne die Gesellschaftsform zu kritisieren, die diese als „psychosoziale Agenturen" erst zu dem macht, was sie sind. Popper würde letztlich alle Soziologen dazu zwingen wollen, sich auf falsifizierbare Einzelaspekte zu beschränken, was aber jede echte Erkenntnis unmöglich mache. Nur eine kritische Gesellschaftstheorie, die eine Vorstellung vom Ganzen und eine Vision von einer unversehrten Intersubjektivität habe, könne die Aufgabe einer kritischen Soziologie erfüllen. So kommt Adorno zu dem Ergebnis: „Kritische Soziologie ist, wenn ihre Begriffe wahr sein sollen, der eigenen Idee nach notwendig zugleich Kritik der Gesellschaft [...]." [94] Poppers Idee, rein wissenschaftlich überprüfbare, wertneutrale Forschungen zu betreiben, sei dagegen eine Illusion, da Erkenntnis und Interesse im Kapitalismus untrennbar verwoben wären.

Popper bleibt aber dabei. Er hält Adornos generalisierende Systemkritik am Kapitalismus für polemisch und unwissenschaftlich. Es sei notwendig, so Popper, am Ideal der objektiven Erkenntnis und der empirischen Überprüfbarkeit festzuhalten:

Ein empirisch-wissenschaftliches System muss an der Erfahrung scheitern können. [95]

Auch wenn Popper weiterhin die Rückbindung und Koppelung jeder Theorie an die Erfahrung fordert, wehrt er sich gleichzeitig energisch gegen den Vorwurf, er sei ein dumpfer Positivist, der einzig und allein positiv wahrnehmbare Tatsachen gelten lasse:

> Während der Positivismus lehrt, „Bleibe beim Wahrnehmbaren", lehrte ich: „Sei kühn mit der Aufstellung spekulativer Hypothesen, aber kritisiere und prüfe sie dann erbarmungslos!" [96]

In der Tat war Popper kein Positivist, insofern er die absolute Freiheit der Theoriebildung – weit über das Wahrnehmbare hinaus – vertreten hat. Dass der Streit über die richtige Methode in der Soziologie dennoch als „Positivismusstreit" in die Geschichte einging, liegt zu einem großen Teil an Habermas, der die Beiträge zu diesem Thema unter selbigem Buchtitel veröffentlichte. Popper ging es im Wesentlichen darum, die Gelehrten in den Sozialwissenschaften zu motivieren, ihre Theorien so zu formulieren, dass sie in jedem Fall kritisierbar bleiben:

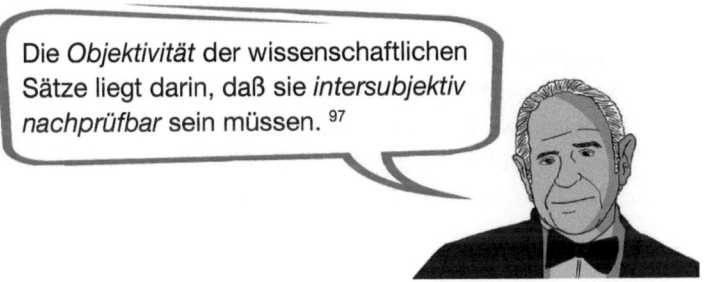

Die *Objektivität* der wissenschaftlichen Sätze liegt darin, daß sie *intersubjektiv nachprüfbar* sein müssen. [97]

Poppers Vermächtnis: Alles Leben ist Problemlösen

Noch in seinem Todesjahr 1994 schrieb der zweiundneunzigjährige Popper an einem letzten Werk. Den Titel dieses Buches können wir als sein Vermächtnis und seine Botschaft betrachten:

Alles Leben ist Problemlösen. [98]

Dies gilt für unser persönliches Leben, für die Wissenschaft und insbesondere für die Politik:

[...] *man wird nie fertig.* Das ist entscheidend wichtig für alle Demokratien. [...] Wir werden nie fertig. Unsere Probleme gehen immer weiter. [99]

Auf die Frage, was denn im Augenblick wichtige anstehende Probleme sind, nannte Popper die explodierende Zahl der Weltbevölkerung und die Klimaerwärmung;

Den Umweltkatastrophen liegt die Bevölkerungsexplosion zugrunde [...]. [100]

Jede zusätzliche Milliarde Menschen bedeutet eine massive Bodenversiegelung durch tausend neue Millionenstädte, deren Flächenfraß man sogar vom Weltall aus erkennen kann. Allein seit 1970 wuchs die Weltbevölkerung von gut 3,6 auf über 7 Milliarden Menschen an. Diese expansive Ausbreitung der menschlichen Gattung führt zum Aussterben zahlreicher Tierarten, zur Überhitzung der Agrar- und Industrieproduktion und dem Verlust der Sauerstoffbasis des Planeten. Dem müsse, so Popper, durch Verhütungsmittel, intensive Erziehung und globale Aufklärungskampagnen endlich Einhalt geboten werden. Vorübergehend, so Popper, könnte man den CO2 Ausstoß vielleicht noch biologisch verringern, indem man die von der Besiedelung verschonten Meeresoberflächen nützt:

Wir wissen, daß alle Pflanzen von Licht und CO2 leben. Man könnte also vielleicht versuchen, die Meeresoberflächen dichter als jetzt mit Algen zu bedecken. [101]

Die Probleme der Bevölkerungszunahme und der Klimaerwärmung haben sich inzwischen sogar noch zugespitzt. Dennoch, so Popper, dürfen wir nicht zu pessimistisch werden. Große Probleme gab es zu allen Zeiten. Es wäre falsch, den jungen Menschen den Mut zu nehmen, die Welt radikal verbessern zu können:

Ich sehe die größte Gefahr eigentlich im Pessimismus [...]. Natürlich ist es eine schlechte Welt, weil es eine bessere gibt und weil uns das Leben anspornt, nach einer besseren Welt zu suchen. Und diese Suche [...] müssen wir fortsetzen. [102]

Gegen einen zu großen Pessimismus spricht, so Popper, auch eine ganzheitliche Betrachtung der Evolution. Denn das Leben selbst hat die Tendenz, niemals aufzugeben. Es versucht immer weiterzumachen, Lösungen zu suchen und auf höhere Ebenen zu kommen. Letztendlich sieht Popper die gesamte Evolution als einen großen und universellen Prozess von Problemlösungen:

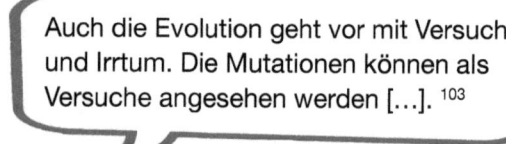

Auch die Evolution geht vor mit Versuch und Irrtum. Die Mutationen können als Versuche angesehen werden [...]. [103]

Um beispielsweise die spezifischen Probleme einer sich verändernden Umwelt zu lösen, haben Pflanzen und Tiere seit jeher Mutationen hervorgebracht, um der Außenwelt besser zu entsprechen. Waren die Mutationen ungeeignet und somit ein Irrtum, wurden sie falsifiziert und sind vom Erdball verschwunden, waren sie hingegen erfolgreich, haben sie sich bis heute weiterentwickelt und durchgesetzt. Im Grunde bedeutet Evolution ein einziges, abenteuerliches Experimentieren mit neuen Formen und Ausdifferenzierungen:

Das Leben hofft, das Leben arbeitet, als ob es eine Hoffnung hätte, eine bessere Welt zu finden [...].

Pflanzen und Tiere sind bereit, das Abenteuer einer neuen ökologischen Nische zu riskieren. Und jene, die diese Initiative haben, gelangen durch Auslese auf eine höhere Ebene. [104]

So gibt es beispielsweise eine Krebsart, die das Problem der Klimaerwärmung und der zunehmend langanhaltenden Trockenzeiten durch Mutationen

in den Griff bekommen hat. Die Eier dieser Krebsart
können bis zu dreißig Jahre überdauern, ohne aus-
zutrocknen. Die Larven überstehen also sehr lange
Dürreperioden und schlüpfen erst wieder bei hoher
Feuchtigkeit, etwa nach einer Überschwemmung.
Durch zahlreiche Mutationen ist es auch einer Säu-
getierart, der Fledermaus, im Laufe der Evolution
gelungen, sich anzupassen, eine Flugfähigkeit zu
entwickeln und als Kulturfolger Gebäudedächer zu
besiedeln. Popper kommt deshalb zu dem Schluss:

> Von Anfang an, wahrscheinlich
> durch Darwinsche Selektion, sucht
> das Leben eine bessere Welt. [105]

Ganz ähnlich wie bei den Pflanzen und Tieren ver-
hält es sich auch beim Menschen:

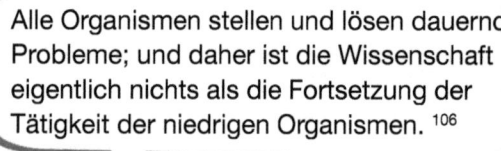

> Alle Organismen stellen und lösen dauernd
> Probleme; und daher ist die Wissenschaft
> eigentlich nichts als die Fortsetzung der
> Tätigkeit der niedrigen Organismen. [106]

Ähnlich wie neue Mutationen überdauern auch neue wissenschaftliche Hypothesen nur dann, wenn sie sich in der Außenwelt bewähren. Es gibt, so Popper, auch unter den wissenschaftlichen Theorien eine Art „Kampf ums Dasein":

Der Kampf ums Dasein dehnt sich vor allem auf die Theorien aus. [107]

Und es gibt die Auslese von Theorien. [108]

Nur die erfolgreichsten Theorien werden beibehalten. Der Prozess von Versuch und Irrtum, also des Ausprobierens neuer Lösungen, ist aber derselbe:

Von der Amöbe zu Einstein ist es nur ein Schritt. [109]

Ein Leben lang versuchen die Amöbe, Einstein und wir unsere Situation zu verbessern, unsere Probleme zu lösen, oder wie Popper sagt, „auf eine höhere Ebene zu kommen". Und genau darin liegt auch der Sinn unseres Daseins. Wir dürfen nicht aufhören, Fehler zu korrigieren:

Diese Methode der rechtzeitigen Fehlerkorrektur zu verfolgen ist [...] eine moralische Pflicht: es ist die Pflicht zur dauernden Selbstkritik, zum

dauernden Lernen, zu dauernden kleinen Verbesserungen unserer Einstellung, unserer Urteile, – auch der moralischen – und unserer Theorien. [110]

Dieser von Popper empfohlene Lebenssinn mag für manche Ohren etwas zu wenig poetisch und verheißungsvoll klingen, doch Popper fordert uns auf, bescheiden zu bleiben und gerade darin unsere wesenhafte Bestimmung zu erkennen, dass wir für die anstehenden Probleme immer wieder neue Ideen entwickeln können:

[...] so werfen wir ein Seil in die Luft und steigen daran hoch – wenn es an irgendeinem noch so schwachen Zweiglein Halt findet. Der Unterschied zwischen unseren Bemühungen und denen [...] einer Amöbe

ist nur der, daß unser Seil in einer Welt [...] kritischer Diskussion Halt finden kann:

einer Welt der Sprache, der objektiven Erkenntnis. [111]

Zitatverzeichnis

1   Zitat, Karl R. Popper, Die offene Gesellschaft und ihre Feinde, Band I,
    Der Zauber Platons, in: Gesammelte Werke in deutscher Sprache, Bd. 5,
    Studienausgabe, Mohr Siebeck Verlag, Tübingen 2003, S. 239, im
    Folgenenden zitiert als „Offene Gesellschaft/ Zauber Platons"

2   Zitat, Karl R. Popper, Vermutungen und Widerlegungen: das
    Wachstum der wissenschaftlichen Erkenntnis, in: Gesammelte Werke
    in deutscher Sprache, Bd. 10, Mohr Siebeck Verlag,
    Tübingen 2009, S. 49

3   Zitat, Karl R. Popper, in: Karl R. Popper, Konrad Lorenz, Die Zukunft
    ist offen, Piper Verlag, Taschenbuch, München/Zürich 1985, S. 49,
    im Folgenden zitiert als „Die Zukunft ist offen"

4   Zitat, Popper, ebenda, S. 49

5   Zitat, Popper, ebenda, S. 50

6   Zitat, Karl R. Popper, Die Logik der Forschung, in: Gesammelte Werke
    in deutscher Sprache, Bd. 3, Studienausgabe, Mohr Siebeck Verlag,
    Tübingen 2005, S. 3, im Folgenden zitiert als „Logik der Forschung"

7   Zitat, Karl R. Popper, die Welt des Parmenides, Der Ursprung des
    europäischen Denkens, Piper Verlag, München/Berlin 2001, S. 95

8   Zitat, Karl R. Popper, in: „Ich weiß, daß ich nichts weiß – und kaum
    das", Karl Popper im Gespräch über Politik, Physik und Philosophie,
    Interview mit der Zeitung „Die Welt", Ullstein Verlag, Frankfurt a.
    Main 1990, S. 104, im Folgenden zitiert als „Die Welt"

9   Zitat, Popper, ebenda, S. 25

10 Zitat, Popper, Offene Gesellschaft/Zauber Platons, S. 239

11 Zitat, Popper, Die Welt, S. 8

12 Zitat, Popper, Offene Gesellschaft/Zauber Platons, S. IX

13 Zitat, Popper, Die Welt, S. 48

14 Zitat, ebenda, S. 93

15 Zitat, ebenda, S. 69

16 Zitat, Popper, Die Zukunft ist offen, S.103

17 Zitat, Karl R. Popper, Objektive Erkenntnis, Ein evolutionärer
    Entwurf, Gebundene Ausgabe, Hoffmann & Campe Verlag
    Hamburg 1973, S. 253, im Folgenden zitiert als „Objektive Erkenntnis"

18 Zitat, Popper, Die Zukunft ist offen, S. 52

19 Zitat, ebenda, S. 60 f.

20 Zitat, Karl R. Popper, Ausgangspunkte, Meine intellektuelle Entwicklung, Piper Verlag, München 2006, S. 48
21 Zitat, ebenda
22 Zitat, ebenda
23 Zitat, Popper, Die Zukunft ist offen, S. 52
24 Zitat, Popper, Logik der Forschung, S. 4
25 Zitat, Popper, Objektive Erkenntnis, S. 18
26 Zitat, Popper, Die Welt, S. 24
27 Zitat, Popper, Die Zukunft ist offen, S. 50
28 Zitat, ebenda
29 Zitat, Popper, Die Zukunft ist offen, S. 54
30 Zitat, Popper, Die Welt, S. 24
31 Zitat, Popper, Objektive Erkenntnis, S. 102
32 Zitat, Popper, Die Zukunft ist offen, S. 52
33 Zitat, ebenda, S. 135 f.
34 Zitat, Popper, Offene Gesellschaft/Zauber Platons, S. 69
35 Zitat, ebenda, S. 206
36 Zitat, ebenda, S. 207
37 Zitat, ebenda, S. 405 f.
38 Zitat, ebenda, S. XVIII
39 Zitat, ebenda, S. XVIII f.
40 Zitat, ebenda, S. 238
41 Zitat, ebenda, S. XIV
42 Zitat, ebenda, S. IX
43 Zitat, ebenda
44 Zitat, ebenda S. 104
45 Zitat, ebenda, S. 104 f.
46 Zitat, ebenda, S. 191
47 Zitat, Popper, Die Welt, S. 93
48 Zitat, Platon, Nomoi, Sämtliche Werke, Bd. 6, nach einer Übersetzung von Hieronymus Müller mit der Stephanus-Nummerierung, Rowohlt Verlag, Hamburg 1964, S. 270 f., 10. Buch, Stephanus-Nr. 908a/909 a
49 Zitat, Platon, ebenda, S. 271, Stephanus-Nr. 908b/909c
50 Zitat, Popper, Die Welt, S. 47
51 Zitat, Popper, Die Zukunft ist offen, S. 139
52 Zitat, Popper, Offene Gesellschaft/Zauber Platons, S. 145
53 Zitat, Popper, Die Zukunft ist offen, S. 110

54 Zitat, ebenda, S. 140

55 Zitat, ebenda, S. 105

56 Zitat, Karl R. Popper, Die offene Gesellschaft und ihre Feinde, Band II, Falsche Propheten: Hegel, Marx und die Folgen, in: Gesammelte Werke in deutscher Sprache, Bd. 6, Studienausgabe, Mohr Siebeck Verlag, Tübingen 2003, S. 40, im Folgenden zitiert als „Offene Gesellschaft/ Falsche Propheten Hegel und Marx"

57 Zitat, Popper, Offene Gesellschaft/Falsche Propheten Hegel und Marx, S. 79

58 Zitat, ebenda, S. 74

59 Zitat, Popper, Die Welt, S. 98

60 Zitat, ebenda, S. 100

61 Zitat, ebenda, S. 55

62 Zitat, Popper, Offene Gesellschaft/Falsche Propheten: Hegel und Marx, S. 316 f.

63 Zitat, Karl R. Popper, Das Elend des Historizismus, Mohr Siebeck Verlag, Tübingen 1987, S. VIII, im Folgenden zitiert als „Elend des Historizismus"

64 Zitat, Popper, Die Welt, S. 98

65 Zitat, Popper, Elend des Historizismus, S. XII

66 Zitat, Popper, Objektive Erkenntnis, S. 103

67 Zitat, Popper, Die Zukunft ist offen, S. 109

68 Zitat, Popper, Offene Gesellschaft/Falsche Propheten: Hegel und Marx, S. 263

69 Zitat, Popper, Die Welt, S. 18

70 Zitat, Popper, Elend des Historizismus, S. 53

71 Zitat, Popper, Die Zukunft ist offen, S. 138

72 In den Jahren 1975 und 1976 erschienen zwei Bücher mit dem Titel: Kritischer Rationalismus und Sozialdemokratie. Helmut Schmidt persönlich schrieb das Vorwort. Auch wenn Schmidt sich darin nicht als kritischen Rationalisten bezeichnet, bekennt er sich doch eindeutig zur kritischen Grundhaltung und Reformpolitik anstelle von sozialrevolutionärer Gesellschaftsutopie. Vgl. Kritischer Rationalismus und Sozialdemokratie, hrsg. von Georg Lührs, Thilo Sarrazin, Frithjof Spreer, J.H.W. Dietz Verlag, Bonn 1982

73 Zitat, Die Zukunft ist offen, S. 134

74 Zitat, Popper, Die Welt, S. 95

75 Zitat, ebenda, S. 95

76 Zitat, ebenda, S. 92

77 Zitat, ebenda, S. 93 f.

78 Zitat, ebenda

79 Hinsichtlich Poppers Sorgfalt bei der quellenmäßigen Auswertung der Originaltexte von Platon, Hegel und Marx gab es erhebliche Kritik. So schreibt Prof. Henning Ottmann über Poppers Werk Die offene Gesellschaft und ihre Feinde: „Die beiden Bände des Werks sind, was die Deutung der kritisierten Autoren (Platon – Hegel – Marx) angeht, eine hermeneutische Katastrophe. Eine Art GAU [...]. Ein Gruselkabinett der Geistesgeschichte. [...] Für historisch-hermeneutische Interpretationen war Popper einfach nicht gerüstet. Wenn man mit dem Buch etwas anfangen will, muss man es als eine historisch verkleidete Theorie von Poppers eigener Politik lesen. Dafür ist es aufschlussreich." Zitat, Henning Ottmann, Geschichte des politischen Denkens, Das 20. Jahrhundert, Von der Kritischen Theorie bis zur Globalisierung, J.B. Metzler Verlag, Stuttgart 2012, S. 137 f.

80 Vgl. G.W. Friedrich Hegel, Phänomenologie des Geistes, Suhrkamp Verlag, Taschenbuch Wissenschaft, Frankfurt a. Main 1970, S. 32. Der Originaltext lautet: „In dem Geiste, der höher steht [...] ist das niedrigere [...] zu einem unscheinbaren Momente herabgesunken; was vorher die Sache selbst war, ist nur noch eine Spur; ihre Gestalt ist eingehüllt und eine einfache Schattierung geworden."

81 Zitat, G. W. Friedrich Hegel, Phänomenologie des Geistes, Suhrcamp Verlag, Taschenbuch Wissenschaft, Frankfurt a. Main 1970, S. 24

82 Zitat, Karl R. Popper, in: Interview mit Karl Popper vom Februar 1982 in der französischen Wochenzeitschrift L'Express, ins Deutsche übersetzt und abgedruckt in: Aufklärung und Kritik (AuK), Vierteljahreszeitschrift der Gesellschaft für Kritische Philosophie, Nürnberg 1994, Heft 2, S. 38 f.

83 Zitat, G.W. Friedrich Hegel, Grundlinien der Philosophie des Rechts, Suhrkamp Verlag, Taschenbuch Wissenschaft, Frankfurt a. Main 1986, S. 360

84 Zitat, Popper, Die Zukunft ist offen, S. 21

85 Zitat, ebenda, S. 53

86 Zitat, ebenda, S. 106

87 Zitat, Popper, Offene Gesellschaft/Falsche Propheten: Hegel und Marx, S. 97

88 Zitat, ebenda, S. 277

89 Zitat, Popper, Die Welt, S. 88
90 Zitat, Popper, Offene Gesellschaft/Zauber Platons, S. 5
91 Zitat, Karl. R. Popper, Die Logik der Sozialwissenschaften, in:
    Theodor W. Adorno, H. Albert, u.a., Der Positivismusstreit in der
    deutschen Soziologie, Soziologische Texte Bd. 58, hrsg. von
    Heinz Maus und Friedrich Fürstenberg, Luchterhand Verlag, Neuwied
    und Berlin 1970, S, 105 f. im Folgenden zitiert als „Positivismusstreit"
92 Zitat, Popper, ebenda
93 Zitat, Popper, Wider die großen Worte, in: Wochenzeitung „Die Zeit"
    1971, Nr. 39, S. 8
    Popper kritisiert darin die vor Fremdwörtern und Nebensätzen
    strotzende Sprache von Adorno und Habermas als Obskurantismus,
    wie er ihn bereits bei Hegel vorgefunden habe. Er versucht die
    absichtlich verklausulierten Formulierungen als „inhaltsleer" zu
    überführen, indem er einige komplizierte Textpassagen übersetzt und
    simplifiziert, die Adorno und Habermas im Rahmen des Positivismus-
    streits publiziert haben. Adorno und Habermas würden sich, so
    Popper, extra kompliziert ausdrücken, um sich jeder Kritik zu
    entziehen. Es sei aber die Pflicht eines Wissenschaftlers der offenen
    Gesellschaft gegenüber, seine Theorie so zu formulieren, dass sie
    verständlich und kritisierbar bleibe.
94 Zitat, Theodor W. Adorno, Positivismusstreit, S. 35
95 Zitat, Popper, Logik der Forschung, S. 17
96 Zitat, Popper, in: Franz Stark, Revolution oder Reform?, Herbert
    Marcuse und Karl Popper, Eine Konfrontation, hrsg. von Franz Stark,
    Kösel-Verlag München 1971, S. 37 f.
97 Zitat, Popper, Logik der Forschung, S. 21
98 Zitat, Popper, Alles Leben ist Problemlösen, Über Erkenntnis,
    Geschichte und Politik, Piper Verlag, München 1996, Titel
99 Zitat, Popper, Die Zukunft ist offen, S. 131
100 Zitat, Karl Popper, Freiheit und intellektuelle Verantwortung,
    Politische Aufsätze und Vorträge aus sechs Jahrzehnten, Gesammelte
    Werke in deutscher Sprache, Bd. 14, Studienausgabe, Mohr Siebeck
    Verlag, Tübingen 2016, S. 333
101 Zitat, Popper, Die Welt, S. 78
102 Zitat, Popper, Die Zukunft ist offen, S. 42
103 Zitat, Popper, Die Welt, S. 24
104 Zitat, Popper, Die Zukunft ist offen, S. 21

105 Zitat, ebenda
106 Zitat, ebenda, S. 53
107 Zitat, ebenda, S. 60
108 Zitat, ebenda, S. 54
109 Zitat, ebenda, S. 53
110 Zitat, Popper, Elend des Historizismus, S. IX
111 Zitat, Popper, Objektive Erkenntnis, S. 181

In dieser Reihe erschienen:

Walther Ziegler
Adorno in 60 Minuten
1. Auflage: Oktober 2017
96 Seiten, Paperback, € 9,99
ISBN 9783-7-4486-463-3

Walther Ziegler
Arendt in 60 Minuten
1. Auflage: August 2018
120 Seiten, Paperback, € 9,99
ISBN 9783-7-5288-843-0

Walther Ziegler
Camus in 60 Minuten
1. Auflage: April 2015
84 Seiten, Paperback, € 9,99
ISBN 978-3-7347-8170-4

Walther Ziegler
Foucault in 60 Minuten
1. Auflage: November 2019
136 Seiten, Paperback, € 9,99
ISBN 978-3-75041-1262-0

Walther Ziegler
Freud in 60 Minuten
1. Auflage: April 2015
96 Seiten, Paperback, € 9,99
ISBN 978-3-7347-8024-0

Walther Ziegler
Habermas in 60 Minuten
1. Auflage: März 2017
128 Seiten, Paperback, € 9,99
ISBN 978-3-7431-8732-0

Walther Ziegler
Hegel in 60 Minuten
1. Auflage: April 2015
128 Seiten, Paperback, € 9,99
ISBN 978-3-7347-8128-5

Walther Ziegler
Heidegger in 60 Minuten
1. Auflage: April 2015
108 Seiten, Paperback, € 9,99
ISBN 978-3-7347-8169-8

Walther Ziegler
Hobbes in 60 Minuten
1. Auflage: Januar 2019
84 Seiten, Paperback, € 9,99
ISBN 978-3-7481-0127-7

Walther Ziegler
Kant in 60 Minuten
1. Auflage: April 2015
144 Seiten, Paperback, € 9,99
ISBN 978-3-7347-8172-8

Walther Ziegler
Marx in 60 Minuten
1. Auflage: April 2015
112 Seiten, Paperback, € 9,99
ISBN 978-3-7347-8154-4

Walther Ziegler
Nietzsche in 60 Minuten
1. Auflage: Oktober 2017
152 Seiten, Paperback, € 9,99
ISBN 978-3-7448-6482-4

Walther Ziegler
Platon in 60 Minuten
1. Auflage: April 2015
112 Seiten, Paperback, € 9,99
ISBN 978-3-7347-8158-2

Walther Ziegler
Popper in 60 Minuten
1. Auflage: November 2019
112 Seiten, Paperback, € 9,99
ISBN 978-3-7504-1241-5

Walther Ziegler
Rawls in 60 Minuten
1. Auflage: Januar 2019
104 Seiten, Paperback, € 9,99
ISBN 978-3-7528-4912-7

Walther Ziegler
Rousseau in 60 Minuten
1. Auflage: April 2015
112 Seiten, Paperback, € 9,99
ISBN 978-3-7347-2555-5

Walther Ziegler
Sartre in 60 Minuten
1. Auflage: April 2015
116 Seiten, Paperback, € 9,99
ISBN 978-3-7347-8156-8

Walther Ziegler
Schopenhauer in 60 Minuten
1. Auflage: Januar 2018
139 Seiten, Paperback, € 9,99
ISBN 978-3-7448-6463-3

Walther Ziegler
Smith in 60 Minuten
1. Auflage: April 2015
100 Seiten, Paperback, € 9,99
ISBN 978-3-7347-8157-5

Walther Ziegler
Wittgenstein in 60 Minuten
1. Auflage: April 2018
116 Seiten, Paperback, € 9,99
ISBN 978-3-7460-8226-4

Der Autor:

Dr. Walther Ziegler hat Philosophie, Geschichte und Politik studiert. Als Auslandskorrespondent, Reporter und Nachrichtenchef des Fernsehsenders ProSieben produzierte er Filme auf allen Kontinenten. Seine Reportagen wurden mehrfach preisgekrönt. Seit 2007 bildet er in München junge TV-Journalisten aus und leitet die Medienakademie auf dem Gelände der Bavaria Film, eine Hochschulbildungseinrichtung für Film- und Fernsehstudiengänge. Er ist zugleich Autor zahlreicher philosophischer Bücher. Als langjährigem Journalisten gelingt es ihm, das komplexe Wissen der großen Philosophen spannend und verständlich darzustellen.